IN THE MARGINS

AL MARGEN

IN THE MARGINS

AL MARGEN

by

Robert Kramer

Bilingual edition

Translated into Spanish and edited

by

Roberto Mendoza Ayala

Foreword by Clifford Browder

Illustrations by Robert Givens

Cover design by Alonso Venegas Gómez

PUBLISHING
NEW YORK • MÉXICO

2020

Copyright © 2020 by Robert Kramer

All rights reserved. This book or any portion thereof may not be reproduced or used in any manner whatsoever without the express written permission of the publisher except for the use of brief quotations in a book review or scholarly journal.

First printing: 2020

ISBN: 978-1-7337341-4-1

Designed and typeset in New York City by:

Darklight Publishing LLC
8 The Green Suite 5280
Dover, DE 19901

All of the illustrations in this book are the work of
Bob Givens

Contents

Foreword 13

SUITE I   From a Gallery of introverts

Portrait miniature Beneath the dragonfly 20
Portrait miniature M.L., Paris 24
Portrait miniature D.S. 28
Portrait miniature The hunchback's coat 30
Portrait miniature T.C. 36
Portrait miniature Public clocks 40
Portrait miniature The possessed 44

SUITE II   This is what my father told me…

The desk 48
Down that long street 52
The EX-LAX factory 56
New boy in the neighborhood 58
Lincoln Zephyr 62
Losers I 64
Losers II 66
As a boy, on sleepless summer nights 68

SUITE III   Variations on a Rococo theme

Young Haydn I In the Vienna woods 74
Young Haydn II In Vienna the following evening 76
Four in a Rococo forest 78
The jester 80

Nocturnal fireworks 82
In the last years of the Sun King I-II............................86
In the last years of the Sun King III-IV........................88
In the last years of the Sun King V 90
Fête Galante 92

SUITE IV Habsburg

Let us return to Vienna..98
Vienna 1914 102
Zötl, painter of animals..106
The green chamber...110
Carl Schuch..112
Mahler and the mouse..114

SUITE V Poets and writers

Lohenstein and the text 118
Hölderlin I..120
Kleist I...124
Kleist II..128
Moritz...130
Hofmannsthal and the dragon 134
Hesse at the lamp 136

SUITE VI Artists and art

Giorgione's bet...142
Three poems on paintings I-II......................................146

Three poems on paintings III 148
On a painting by Pieter van Laer—1636 150
Magnasco's vision 152
Lament of the sculptor Matthias Braun 154
From Watteau to his lady in candlelight 158

SUITE VII **After the Chinese**

Springtime sleep 162
Night on the beach on long boat journey 164
The red rose 166
On Lake Dung-Ting 168
On the frontier 170
To a friend 172

About the author 174

Índice

Prólogo 15

SUITE I **Desde una galería de introvertidos**

Retrato miniatura Debajo de la libélula 21
Retrato miniatura M.L., París 25
Retrato miniatura D.S. 29
Retrato miniatura El abrigo del jorobado 31
Retrato miniatura T.C. 37
Retrato miniatura Los relojes públicos 41
Retrato miniatura El poseído 45

SUITE II **Esto es lo que mi padre me contó…**

El escritorio 49
Por esa calle larga 53
La fábrica EX-LAX 57
El chico nuevo del barrio 59
Lincoln Zephyr 63
Perdedores I 65
Perdedores II 67
De niño, en las insomnes noches veraniegas 69

SUITE III **Variaciones sobre un tema rococó**

El joven Haydn I En los bosques de Viena 75
El joven Haydn II En Viena, la noche siguiente 77
Cuatro en un bosque rococó 79
El bufón 81

Fuegos de artificio nocturnos..83
En los últimos años del Rey Sol I-II 87
En los últimos años del Rey Sol III-IV 89
En los últimos años del Rey Sol V............................91
Fête Galante..93

SUITE IV **Habsburgo**

Regresemos a Viena...99
Viena 1914 103
Zötl, pintor de animales 107
La cámara verde 111
Carl Schuch 113
Mahler y el ratón 115

SUITE V **Poetas y escritores**

Lohenstein y el texto 119
Hölderlin I...121
Kleist I...125
Kleist II 129
Moritz..131
Hofmannsthal y el dragón 135
Hesse bajo la lámpara 137

SUITE VI **Los artistas y el arte**

La apuesta de Giorgione..143
Tres poemas sobre cuadros I-II 147

Tres poemas sobre cuadros III 149
Sobre un cuadro de Pieter van Laer—1636 151
La visión de Magnasco 153
Lamento del escultor Matthias Braun 155
De Watteau para su dama a la luz de las velas 159

SUITE VII   Después de los chinos

Sueño primaveral 163
Noche en la playa en una larga travesía en barco 165
La rosa roja 167
En el lago Dung-Ting 169
En la frontera 171
A un amigo 173

Acerca del autor 175

Foreword

Poetry has many moods and uses. It can celebrate, it can worship, it can teach, it can amuse or mock or inspire. Robert Kramer is a poet of perception and reflection; he observes, he thinks and feels. He makes us notice the margin of our lives, redeems the drabness of the daily, makes the trivial significant, the forgettable unforgettable. With him we listen to the sound of silence, breathe in the rich scent of chocolate from a factory, hear an imagined stranger babbling in the back of the brain. Gestures count: a hand holding a knife peeling an orange; a raised eyebrow; fingers hovering over a queen on a chessboard.

Enhancing Kramer's nuanced moods and descriptions is a remarkable precision of imagery. The new boy in the neighborhood "slouches and scuffs the black-tarred street / with his ragged canvas sneakers." Especially memorable are the lines at the end of a poem. A sudden childhood memory

> …startles, like the echo of a cough
> in an empty cathedral.

His father remembers the frozen pond

> where girls and boys in brightest sweaters
> would skate and sport on the ragged ice,
> avoiding the driftwood that protruded from the surface,
> like the clawing hands of drowned hoboes.

And in a woman's fantasy

> A leering sailor in a red-striped under-blouse,
> tight white bell-bottomed trousers
> wanders through her Parisian dreams and nightmares,
> a red pompom bobbing on his jaunty slanted cap.

But Kramer's world is not small; far from it. It ranges back in time, as his father records his own childhood memories: a dying schoolmate, a tramp at the door, the kids who didn't fit in, and a 1940 ad showing a family in a shiny Buick on a highway beside a rushing streamlined train, the Lincoln Zephyr, under a silver airplane high in the sky. The ad, brimming with prewar optimism and the cult of progress, could not fail to stir this reader, who once rode with his family in a shiny Buick, and who remembers the precipitate splendor of the Lincoln Zephyr.

And Kramer takes us to the Old World as well, with vignettes of upper-class life in eighteenth-century Vienna and Versailles, and evocations of Vienna under the Habsburgs and today. We will glimpse the Empress Maria Theresa's moonlit sleigh ride in the snowy Vienna woods, and the arching eyebrows and meaningful look of a gossiping Versailles courtier in the last days of the Sun King. Pervading these poems is the poet's keen awareness of a rich and decadent aging civilization, and the implied contrast with the robust modernity of the land of the Lincoln Zephyr.

Following these impressions are vignettes of writers and artists of the past, evoked with Kramer's subtle and meaningful precision. And to round things out, he offers a series of short poems patterned on Chinese poets of another age, treasured moments of joy and fantasy and grief. Kramer's world is simultaneously tiny and vast. He invites us to partake of it. If we do, we will be the richer for it.

CLIFFORD BROWDER

Prólogo

La poesía tiene muchos usos y estados de ánimo. Puede celebrar, puede adorar, puede enseñar, puede divertir, burlarse o inspirar. Robert Kramer es un poeta de percepciones y reflexiones; observa, piensa y siente. Nos hace notar el margen de nuestras vidas, redime la monotonía de lo cotidiano, hace que lo trivial sea significativo, que lo olvidable sea inolvidable. Con él escuchamos el sonido del silencio, respiramos el rico aroma a chocolate de una fábrica, escuchamos a un extraño imaginario balbuceando en la parte posterior del cerebro. Los gestos cuentan: una mano que sostiene un cuchillo pelando una naranja; una ceja levantada; los dedos que se ciernen sobre una reina en un tablero de ajedrez.

Los enfatizados ánimos y descripciones de Kramer son de una notable precisión metafórica. El chico nuevo en el vecindario que "se agacha y recorre la calle asfaltada / con sus zapatillas de lona raída". Especialmente memorables son las líneas al final de un poema. Un recuerdo repentino de la infancia

>...sobrecoge, como el eco de un tosido
>en una catedral vacía.

Su padre recuerda el estanque congelado

>>donde chicos y chicas con los más coloridos suéteres
>>patinarían y competirían sobre el hielo disparejo,
>>evitando las ramas que sobresalían de su superficie,
>>como torcidas manos de vagabundos ahogados.

Y en la fantasía de una mujer

>>Un lascivo marinero en camiseta de rayas rojas
>>y pantalones ajustados de campana blanca
>>deambula por sus sueños y pesadillas parisinos,
>>un pompón rojo se balancea en su vistosa gorra inclinada.

Pero el mundo de Kramer no es pequeño; lejos de eso. Se remonta en el tiempo, donde su padre registra sus propios recuerdos infantiles: un compañero de escuela moribundo, un vagabundo en la puerta, los chicos que no encajaban, y un anuncio de 1940 mostrando a una familia en un Buick brillante en una carretera junto a un rápido auto aerodinámico, el Lincoln Zephyr, debajo de un avión plateado en lo alto del cielo. El anuncio, lleno del optimismo y la pasión por el progreso anteriores a la guerra, no pudo dejar de conmover a este lector, que una vez viajó con su familia en un brillante Buick, y que recuerda el impetuoso esplendor del Lincoln Zephyr.

Y Kramer nos lleva también al Viejo Mundo, con viñetas de la vida de la clase alta de la Viena y el Versalles del siglo XVIII, con evocaciones de Viena de la época de los Habsburgo y del presente. Vislumbraremos el paseo en trineo a la luz de la luna de la emperatriz María Teresa en los bosques nevados de Viena, y las cejas arqueadas y la mirada elocuente de un chismoso cortesano de Versalles en los últimos días del Rey Sol. En estos poemas transluce la aguda conciencia del poeta sobre una civilización rica y decadentemente envejecida, y el contraste implícito con la robusta modernidad de la tierra del Lincoln Zephyr.

Luego de estas impresiones, hay viñetas de escritores y artistas del pasado, evocadas con la sutil y significativa precisión de Kramer. Y para redondear las cosas, nos ofrece una serie de poemas cortos basados en poetas chinos de otra época, momentos preciados de gozo, fantasía y dolor. El mundo de Kramer es a la vez minúsculo y vasto. Nos invita a participar en él. Si así lo hacemos, seremos de lo más afortunados.

CLIFFORD BROWDER

IN THE MARGINS

AL MARGEN

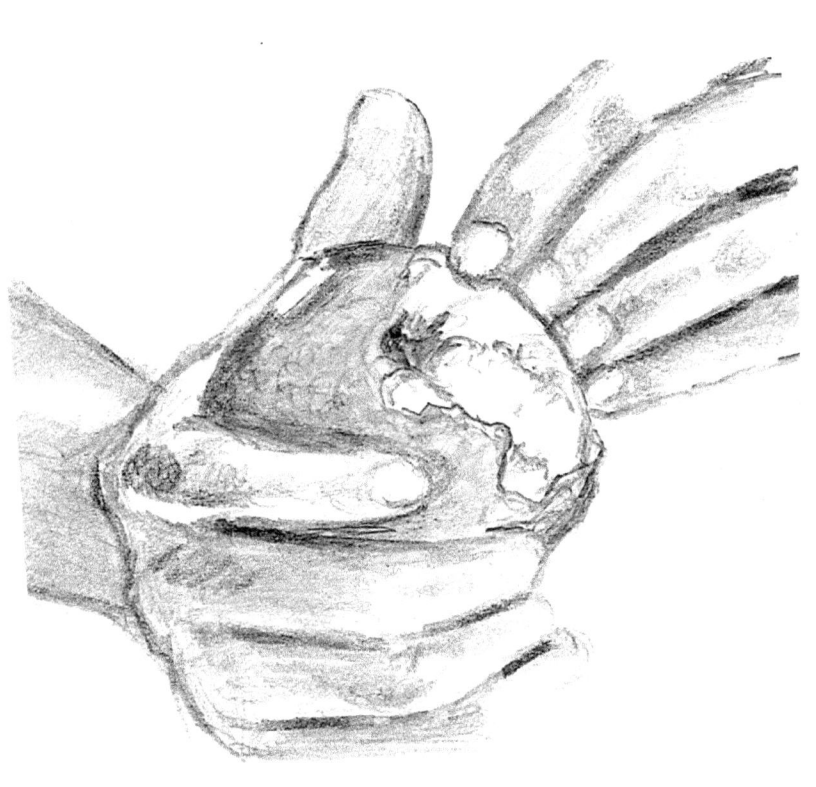

SUITE I

FROM A GALLERY OF INTROVERTS

DESDE UNA GALERÍA DE INTROVERTIDOS

Robert Kramer

Portrait miniature
BENEATH THE DRAGONFLY

From the adjacent darkness
rain pelts the windowpane.
Beside that mirroring glass
a woman is reading,
one beneath a lamp
with a green shade;
upon this etched and amber lampshade
a blue dragonfly
with fine-veined iridescent wings
hovers above the woman,
who is sitting quietly,
awaiting a visitor,
one with slender, elegant fingers.
(She would often watch very closely
those two hands of his,
as when they severed with a silver blade
the mottled orange peel
from its tender orange flesh,
to yield a single slender,
graceful, curling helix—
with admiration and a certain envy.)

But now she feels
like that child in the winter twilight

Retrato miniatura
DEBAJO DE LA LIBÉLULA

Desde la oscuridad adyacente
la lluvia golpea el cristal de la ventana.
Al lado de ese espejo reflejante
una mujer está leyendo,
una debajo de una lámpara
con sombra verde;
sobre la pantalla de color ámbar, está grabada
una libélula azul
con alas iridiscentes de vetas finas
que vuela por encima de la mujer;
ella sentada en silencio
espera a un visitante,
uno con dedos delgados y elegantes.
(Ella solía observar muy de cerca
esas dos manos de él,
como cuando con una navaja de plata
apartaban de su tierna carne naranja
la cáscara moteada de la naranja
para obtener un solo delgado
y gracioso rizo helicoidal—
con admiración y cierta envidia.)

Pero ella ahora se siente
como aquella niña en el crepúsculo de invierno

returning alone from the distant village,
walking cautiously through the forest,
and clutching her wicker basket,
empty now.
For not yet achieved,
after the lovers' quarrel,
the comfort of avid copulation,
as her thoughts advance through time,
where she seems to see
two white and trembling fingers
hovering above a queen
in the final row
of a splendid chessboard—
her own face still smudged
with a lapsed smile.

que vuelve solitaria del pueblo distante,
caminando cautelosa por el bosque,
aferrada a su cesta de mimbre
esta vez vacía.
Al no haber logrado,
luego de discutir con su amante,
el alivio de la ansiada cópula,
sus pensamientos avanzan por el tiempo,
donde ella parece ver
dos dedos blancos y temblorosos
cerniéndose sobre una reina
en la última hilera
de un espléndido tablero de ajedrez—
su propia cara aún manchada
con una sonrisa perdida.

Robert Kramer

Portrait miniature
M.L., PARIS

She is a woman who takes a special pleasure
in feeling her emotions,
in being in contact with herself.

Hence once again she walks the graveled paths
beneath the chestnut trees at dusk, alone,
as the lanterns light in their amber globes,
and she is drunk with the fragrance of lilacs
and her own moist feelings.

But she believes that she herself
is always observed
by that peculiar man
in the coarse brown robe,
a rough hemp robe
around his slender waist,
sandals on his feet,
as the shadow of his woolen monkshood
conceals his eyes,
but not his night-black beard
or his gleaming white unsmiling teeth.

Hence a woman who instinctively
will turn her head away from the viewer

Retrato miniatura
M.L., PARÍS

Es una mujer que tiene un especial placer
en sentir sus emociones,
en estar en contacto consigo misma.

De ahí que una vez más, camine por los senderos de grava
debajo de los castaños al atardecer, sola,
mientras las farolas encienden sus globos ambarinos,
y ella se embriaga con la fragancia de las lilas
y con sus propias sensaciones húmedas.

Pero cree que ella misma
es siempre observada
por aquel hombre peculiar
de grueso hábito marrón,
cordón de cáñamo crudo
alrededor de su esbelta cintura
y sandalias en los pies,
mientras la sombra de su capucha de lana
oculta sus ojos,
pero no su barba negra como la noche
ni sus relucientes dientes blancos que no sonríen.

De ahí que una mujer instintivamente
volteará hacia el otro lado del mirón

Robert Kramer

but to the mirror,
her expression
like one bending low
to peer intently through a keyhole.

A leering sailor in a red-striped under-blouse,
tight white bell-bottomed trousers
wanders through her Parisian dreams and nightmares,
a red pompom bobbing on his jaunty slanted cap.

hacia el espejo,
con una expresión
como la de alguien que se agacha
para espiar atentamente por el ojo de la cerradura.

Un lascivo marinero en camiseta de rayas rojas
y pantalones ajustados de campana blanca
deambula por sus sueños y pesadillas parisinos,
un pompón rojo se balancea en su vistosa gorra inclinada.

Robert Kramer

Portrait miniature
D.S.

The raised eyebrow,
the limp wrist,
the dangling cigarette,
the toss of the head,
the cloud of smoke
selfconsciously exhaled
through the nostrils;
and his mind and moods
a repertoire of cinematic tricks –
sunlight falling through Venetian blinds
to form a gridded pattern
on the floor and bed;
a hotel room at night,
alternate between the darkness
and the glare of neon sign
flashing from the street below;
or the shadows cast
by languid tropic ceiling fan
rotating slowly
its hypnotic pattern
black on white,
and a sense of humid ennui,
threat, and encroaching jungle.

Retrato miniatura
D.S.

La ceja levantada,
la muñeca flácida,
el cigarrillo que cuelga,
la sacudida de la cabeza,
la nube de humo
exhalada conscientemente
por las fosas nasales;
y su mente y sus estados de ánimo
un repertorio de trucos cinematográficos –
la luz del sol cayendo a través de las persianas
para formar un patrón reticulado
sobre el piso y la cama;
una habitación de hotel en la noche,
que alterna entre la oscuridad
y el parpadeante resplandor
del letrero de neón calle abajo;
o las sombras proyectadas
por el lánguido ventilador tropical en el techo,
girando lentamente
su hipnótico patrón
negro sobre blanco,
y una sensación de tedio húmedo,
de amenaza, e invasión de la selva.

Robert Kramer

Portrait miniature
THE HUNCHBACK'S COAT

Her life seems like those dim interiors
in silent films: a table, chairs, the walls,
and the light extends but little beyond the lamp,
where most is doubtful flicker and the shadows –
despite the yellow cabs she often hails
and the box of chocolates in her drawer.
At times she dreams her timid dreams of happiness,
like those pigtailed Slovak village children
who furtively will touch the tip of the coat
on the hunchback's bobbing back.

Thus her solitary nocturnal walks
suffused with feelings of apprehension,
for she lives in a world filled with messages,
but all transmitted in a code unknown to her.

And thus these winter days
she often has the feeling
that she has missed something –
perhaps that she has come
but just a moment too late,
or that there is something
very meaningful close by,
perhaps in a flower shop

Retrato miniatura
EL ABRIGO DEL JOROBADO

Su vida se parece a esos interiores mortecinos
de las películas mudas: una mesa, sillas, las paredes
y la luz que se extiende poco más allá de la lámpara,
donde casi todo es un parpadeo dudoso y sombras –
a pesar de los taxis amarillos que ella solicita a menudo
y de la caja de chocolates en su cajón.
A veces ella sueña sus tímidos sueños de felicidad,
como la de aquellos niños aldeanos eslovacos con bucles
que furtivamente tocarán la punta del abrigo
que cubre la espalda tambaleante del jorobado.

Por ello sus solitarios paseos nocturnos
llenos de sentimientos de aprensión,
por vivir en un mundo lleno de mensajes,
todos transmitidos en un código desconocido para ella.

Y por eso en estos días de invierno
ella a menudo tiene la sensación
de que ha perdido algo –
tal vez que ella ha venido
quizás un poco demasiado tarde,
o que hay algo
muy significativo y cercano,
tal vez en una tienda de flores

on the very next street,
of something just beyond
the corner of her eye –
even now.
Amidst their casual chatter of enhancers,
their latest toys and anal explorations,
she sees in those about her, their smiling faces —
the forced gaiety, the mirthless laughter,
the formulaic expressions of affection,
and on the threshold those ostentatious
but quite coolly automatic kisses
deposited on both awaiting cheeks.

And she well knows
that the unmentionable is everywhere
on the very verge of being mentioned,
and the way we repress, conceal our deepest feelings,
the greatest yearnings, sharpest disappointments, darkest pain,
just as we cover the ardent swelling flesh
of our bodies with useless foolish fabrics,
and make the mildest gestures – polite, discreet–
with hands that long perhaps to grasp – or push away –
and how we speak with irony and would-be wit,
or respond to outrage with an eyebrow slightly raised,
instead of violent grimace, shout, or shriek.

en la siguiente calle,
de algo mas allá
del rabillo de su ojo –
incluso ahora.
En medio de charlas informales sobre estimulantes,
sus últimos juguetes y exploraciones anales,
ella ve en los que la rodean, en sus caras sonrientes —
la alegría forzada, la risa triste,
las protocolarias expresiones de afecto,
y para colmo esos ostentosos
pero demasiado fríos besos en automático
depositados en ambas mejillas, que los esperan.

Y ella bien sabe
que lo innombrable está en todas partes
a punto de ser mencionado,
y el modo en que reprimimos, ocultamos los más hondos
                                                 sentimientos,
los anhelos más grandes, las decepciones más agudas, el
                                                 dolor más oscuro,
tal como cubrimos la ardorosa carne turgente
de nuestros cuerpos con inútiles y absurdas telas,
y suavizamos los gestos – educados, discretos –
con manos que tal vez desean agarrar – o empujar –
y cómo hablamos con ironía y algo de sarcasmo,
o respondemos al atropello con una ceja ligeramente levantada,
en vez de hacer una mueca violenta, gritar o escandalizar.

Robert Kramer

Suddenly and inexplicably,
she recalls a child, a whirling child,
like a spinning top, with billowing skirt
and outstretched arms and eyes closed tight,
who long ago would play with vertigo and downfall.
It startles, like the echo of a cough
in an empty cathedral.

De pronto e inexplicablemente,
ella se acuerda de una niña, una niña que gira
como un trompo, con falda ondulante
y brazos extendidos y ojos bien cerrados,
que hace mucho jugaba a marearse y caer.
Ello sobrecoge, como el eco de un tosido
en una catedral vacía.

Robert Kramer

Portrait miniature
T.C.

Wrinkles of the brow,
sacks beneath the eyes,
cracks at the mouth,
as the camera sucks in
the subject, straining
to fix his gaze upon the lens;
the camera sucks him in,
into the dark mind
of the hooded photographer.

The you you think and feel
is hardly that one clad and combed,
and yet you are that solitary man
now peering from the window
of a darkened room
at harbor lights reflected on the water,
your glass of amber wine
half empty before you,
and the sheer awareness smites you,
sitting in that maple chair,
that you could rise
or remain there, seated;

Retrato miniatura
T.C.

Arrugas en la frente,
bolsas debajo de los ojos,
grietas en los labios,
mientras la cámara atrapa
al sujeto, quien se esfuerza
por fijar su mirada en la lente;
la cámara lo aspira,
lo introduce en la mente oscura
del fotógrafo encapuchado.

El tú que piensas y sientes
difícilmente es aquel vestido y acicalado,
y sin embargo eres ese hombre solitario
que ahora se asoma por la ventana
de una habitación oscurecida
entre las luces del puerto reflejadas sobre el agua,
tu copa de vino ambarino
medio vacía ante ti,
y la conciencia absoluta te hiere
sentado en esa silla de arce,
pues podrías levantarte
o quedarte allí, sentado;

Robert Kramer

that all depends
on your will
and on an ancient inscription
on a ruined temple
in a burned and buried city.

todo depende
de tu voluntad
y de una inscripción antigua
en las ruinas de un templo
de una ciudad quemada y sepultada.

Robert Kramer

Portrait miniature
PUBLIC CLOCKS

On your white throat
an ever-returning rash,
a woman with something heavy
ever on her mind,
something she can never quite articulate,
who gazes now from a window
as through a frame without a picture,
as at an altar without an image,
a woman given to hesitations on the staircase,
those halts between steps,
with an acute awareness of time —
its moments and its passing —
amidst the very disappearance
of public clocks,
their sober white dials absent now
from all the earnest windows
of shops and banks;
and now the silence in homes
where clocks no longer tick,
and each alone
with her single private piece of time,
as pendulums, once-swinging, now are stilled,
the hours no longer struck or noted
and in church steeples the bells are mute.

Retrato miniatura
LOS RELOJES PÚBLICOS

En tu garganta blanca
una comezón crónica,
una mujer con un pensamiento grave
siempre en su mente,
algo que ella nunca puede articular bien,
mira ahora desde una ventana
como a través de un marco sin cuadro,
como desde un altar sin imagen,
una mujer entregada a vacilaciones en la escalera,
aquellas intermitencias en sus pasos,
con una aguda conciencia del tiempo —
de sus instantes y su transcurrir —
ante la singular desaparición
de los relojes públicos,
sus sobrias carátulas blancas ahora ausentes
de todos los escaparates formales
de comercios y bancos;
ahora hay silencio en los hogares
donde los relojes ya no suenan,
y todos en solitario
con el pedazo privado del tiempo único de ella
están como péndulos, antes columpiándose, ahora detenidos,
pues las horas ya no se marcan ni se cuentan
y en las torres de las iglesias las campanas enmudecieron.

Robert Kramer

However, in their stead
you listen to the sounds of your own body,
the bubbling of hydrochloric acids in your belly,
the noise of passing Time itself;
and the silence in this clockless room
is laden with knowing looks.

Sin embargo, en su lugar
escuchas los sonidos de tu propio cuerpo,
el gorgoteo del ácido clorhídrico en tu vientre,
el ruido del Tiempo transcurriendo en sí mismo;
y el silencio en esta habitación sin reloj
está cargado de miradas cómplices.

Robert Kramer

Portrait miniature
THE POSSESSED

Between the borders of sleep and waking
someone is speaking in the back of your brain,
whose words you cannot comprehend.
Even as your mind proceeds
in reasoned dialog and rational,
snatches of this talk break through.
Someone seems to disregard
your orderly conversing
and babbles on of things
unknown to you.
Like two different
distant stations blending
on the wireless of night,
you hear the sounds within and ask

Does someone else live here?

Retrato miniatura
EL POSEÍDO

Entre los límites del sueño y la vigilia
alguien está hablando atrás de tu cerebro
y no puedes comprender sus palabras.
Incluso mientras tu mente avanza
hacia un diálogo razonado y racional,
fragmentos de esta charla se abren paso.
Alguien parece despreciar
tu conversación ordenada
y balbucea cosas
desconocidas para ti.
Como dos diferentes
estaciones lejanas que se mezclan
en las ondas nocturnas,
escuchas los sonidos de adentro y preguntas

¿Alguien más vive aquí?

SUITE II

THIS IS WHAT MY FATHER TOLD ME…

ESTO ES LO QUE MI PADRE ME CONTÓ…

Robert Kramer

THE DESK

"As earnest eight-year olds in school
at our cramped and wood and iron desks,
inkstained around the inkwells at the corner,
we heard each day reports of the sick boy –
our classmate Billy McCullum, absent now
for many days, his seat now harshly empty;
and every day the nun would grow more grave,
and every day we'd pray for that sad sick boy,
although some days the nun reported his improvement,
with a grateful smile, but after a while
such hopeful bulletins and smiles had ceased.
And then the day arrived, (we children never
expected it, for, after all, we'd prayed!)
he was in heaven now, his pains were over,
and yet some cried. The nun did not, but wiped
her eyes. And still today I see that boy
on his blue bicycle, riding through the streets
no hands, his arms outstretched, his cap pulled down,
but I cannot see his face, an absence like
the empty seat in that long-gone classroom,
with its scent of chalk dust, bodies, sponge-washed blackboards,
its inkstained desks, inscribed with names, initials,
by pocket knives with handles of horn,
and shiny silver retractable blades

EL ESCRITORIO

"Como escolares atentos de ocho años
desde nuestros escritorios estrechos y de madera y hierro,
manchados por los tinteros en sus esquinas,
oíamos a diario los reportes del niño enfermo –
nuestro compañero de clase Billy McCullum, ausente
por muchos días, su asiento ahora dolorosamente vacío;
y cada día la monja se pondría más seria,
y cada día rezaríamos por ese pobre muchacho enfermo,
aunque algunas veces la monja nos informaba de su mejoría
con una sonrisa complacida, luego de un tiempo
tan esperanzadoras noticias y sonrisas habían cesado.
Y entonces llegó el día, (nosotros los niños nunca
lo esperamos, porque, después de todo, ¡habíamos rezado!)
él estaba ahora en el cielo, sus dolores terminaron,
y aún así algunos lloraron. La monja no lo hizo, pero limpió
sus ojos. Y todavía ahora veo a ese chico
en su bicicleta azul, manejando por las calles,
sin manos, con los brazos extendidos, su gorra inclinada,
pero no puedo ver su rostro, una ausencia como
el asiento vacío en ese aula desaparecida hace tanto,
con su olor a polvo de gis, cuerpos, pizarrones lavados,
sus escritorios entintados, inscritos con nombres e iniciales
hechos por navajas con mango de cuerno
y hojas retráctiles de plata brillante

Robert Kramer

clutched in inkstained furtive fingers,
quite unlike the silver scalpel
that the doctor used to try to save
that poor sick boy."

sostenidas por dedos furtivos y manchados de tinta,
muy diferentes del bisturí plateado
que el doctor utilizó para intentar salvar
a aquel pobre muchacho enfermo".

Robert Kramer

DOWN THAT LONG STREET

"In those depression years they came, and often,
some selling buttons, pins and thread,
and when a hobo came – you could see him
far down the long street, trudging from shingled house
to white painted wooden frame, or right to ours,
(the chalkmark on the sidewalk telling where to dine)
and up the red brick steps, across the porch,
and he'd ring the bell. With hat in hand,
with wrinkled pants and wrinkled shoes,
looking down at the floorboards, stand and ask.
My mother, in her flowered apron,
would bring him sandwiches – rye bread,
yellow cheese, or chicken from the icebox,
to be eaten on the porch and sometimes while rocking in the
                                             wicker rocker.
One day one came –
(our rather silent blue canary began just then to sing)
my mother gave a bowl of steaming lentil soup;
he thanked, and when my mother went in, closed the door –
he flung the soup right off the porch,
behind the big magnolia bush, and left.
My mother never gave them soup again
and worried about kidnappers,
although no tramp ever stole an apple pie of hers,
one left cooling on the porch or on the windowsill

POR ESA CALLE LARGA

"En esos años de la depresión venían, y con frecuencia,
algunos vendedores de botones, alfileres e hilos,
y cuando llegaba un vagabundo – podías verlo
desde lejos de la calle larga caminando de la casa de tejas
a la de marcos de madera blanco, o directo a la nuestra,
(la marca de tiza en la banqueta decía dónde comer)
y subiendo los escalones de ladrillo rojo, cruzaría el porche,
y tocaría la campana. Con el sombrero en la mano,
los pantalones arrugados y los zapatos estropeados,
mirando hacia el piso, se paraba y pedía.
Mi madre, con su delantal floreado,
le traería sándwiches – pan de centeno,
queso amarillo o pollo de la nevera,
para ser consumidos en el porche y, a veces, meciéndose en
                              la mecedora de mimbre.
Un día vino uno –
(Nuestro canario azul, bastante silencioso, empezó a cantar)
mi madre le dio un tazón de humeante sopa de lentejas;
él dio las gracias, y cuando mi madre entró y cerró la puerta –
él tiró la sopa afuera del porche
detrás del gran arbusto de magnolias, y se marchó.
Mi madre nunca les volvió a dar sopa
y se preocupaba por los roba-chicos,
aunque ningún vagabundo robó jamás su tarta de manzana
puesta a enfriar en el porche o en el alféizar de la ventana

Robert Kramer

(a common joke then in Sunday comic strips)
and after the Lindbergh kidnapping, the stolen baby,
they executed an immigrant and never caught
the real kidnapper, who is somewhere down that long street,
out there in the dark."

(un chiste usual en las tiras cómicas dominicales)
y después del secuestro de Lindbergh, el niño robado,
ejecutaron a un inmigrante y nunca atraparon
al verdadero roba-chicos, que está en algún lugar de esa calle larga,
ahí afuera, en la oscuridad".

THE EX-LAX FACTORY

"When, as a boy, I would walk to my father's office, I would pass on the northern side of the street the mighty EX-LAX factory, as it exuded the rich scent of chocolate, and directly across from it the reform school for boys with its massive red-brick buildings and the wall surrounding it peppered on top with jutting shards of broken glass. I never caught sight of the boys behind that wall, but still today, when I breathe the scent of chocolate, I think of sharp shards of broken glass and I imagine those boys in caps and gray knickers; unsmiling and constipated, with bloodied hands behind a fearsome wall and seen by no one."

LA FÁBRICA EX-LAX

"Cuando de niño yo caminaba a la oficina de mi padre, por el lado norte de la calle pasaba por la imponente fábrica EX-LAX, que exudaba un rico aroma a chocolate, y justo enfrente de ésta el reformatorio juvenil, con sus enormes edificios de ladrillo rojo y la barda que lo rodeaba, salpicada por encima con erizados fragmentos de vidrios rotos. Nunca vi a los muchachos detrás del muro, pero aún hoy, cuando aspiro el aroma del chocolate, pienso en fragmentos afilados de vidrios rotos e imagino a esos chicos con gorras y pantaloncillos grises; sin sonrisa y estreñidos, con las manos ensangrentadas detrás de una pared temible y no vistos por nadie".

Robert Kramer

NEW BOY IN THE NEIGHBORHOOD

"His first day in the new school,
he enters late the classroom;
the eyes of the other children fasten on him,
as he stands hesitant and anxious on the threshold.
Feeling his face grow warm
beneath the teacher's expectant gaze,
he looks off, distracted, at the blackboard,
where he sees written in chalk
a string of numbers, symbols, meaningless,
the silence broken now by mocking laughter.

Later the new boy in the neighborhood
walks the streets, observing
the various bands of neighborhood children,
tentatively seeking
to join the play of the others
they with their easy familiarity,
their clearly established hierarchy,
their smug disdain for the outsider.
Awkward and unknowing,
he tries to please, to become a part;
with the brim of his cap pulled down close over his eyes
expressionless, he slouches and scuffs the black-tarred street
with his ragged canvas sneakers;
his left hand enclosed and hidden

EL CHICO NUEVO DEL BARRIO

"En su primer día en la nueva escuela,
él entra tarde al aula;
los ojos de los otros niños se fijan en él,
mientras él se para vacilante y ansioso en el umbral.
Sintiendo que su rostro se calienta
bajo la expectante mirada del profesor,
él desvía la vista, distraído, hacia el pizarrón,
donde ve escrito con gis
una cadena de números, símbolos, sin sentido,
el silencio ahora roto por la risa burlona.

Más tarde el chico nuevo del barrio
camina por las calles, observando
a las diversas bandas de muchachos locales
buscando tentativamente
unirse al juego de los demás
ellos con su cómoda familiaridad,
sus jerarquías claramente establecidas,
su rudo desprecio por el forastero.
Torpe e ignorante,
trata de complacer, de formar parte;
con la visera de la gorra casi cubriéndole los ojos,
inexpresivo, se agacha y recorre la calle asfaltada
con sus zapatillas de lona raída;
su mano izquierda cerrada y oculta

in a massive, tattered first-baseman's mitt,
he pounds his bare right fist
into its warm and oily palm,
and eyes the others expectantly.

At home, alone in the darkened room,
he sits before the massive, ancient radio,
as if before an altar,
as it sheds a greenish glow from its dial.
Very slowly he rotates the fluted knob,
evoking hums and whistles, crackling sounds,
or voices soft or loud or very faint,
voices in foreign languages, the dih dahs of Morse code,
and calls from ships far out at sea,
perhaps in storm, in need;
and very carefully he turns and finds new voices
in the finest interstices,
changing pitches, lowering the whistle,
dulling the hum and intersecting
with countless unknown worlds,
sensing strangers out there in the dark, yet linked,
for briefest moments mingling solitudes."

en un guante de primera base abultado y andrajoso,
golpea su puño derecho desnudo
en la manopla cálida y aceitada,
y mira ansioso a los demás.

En casa, solo en la habitación a oscuras,
se sienta ante la radio enorme, antigua,
como ante un altar
que proyecta un brillo verdoso desde su cuadrante.
Muy lentamente da vuelta al botón estriado,
conjura zumbidos y silbidos, crepitaciones,
o voces suaves o fuertes o muy débiles,
voces en lenguas extranjeras, los dic dacs del código morse,
y llamadas de barcos en alta mar,
quizás en una tormenta, en emergencia;
y con mucho cuidado lo gira y encuentra nuevas voces
en los más pequeños intervalos,
cambiando tonos, disminuyendo el silbido,
apagando el zumbido e intersectando
con innumerables mundos desconocidos,
sintonizando a extraños afuera en la noche, aunque unidos
por breves momentos al compartir soledades".

Robert Kramer

LINCOLN ZEPHYR

"Recall a scene, an advertisement,
in a 1940 magazine:
a big shiny Buick
carrying a smiling family of exceedingly white teeth –
mother, father driving, boy and girl in back –
down a highway bordered with greenery
beside a streamlined train –
in fact, the Lincoln Zephyr –
rushing along the parallel train rails
beneath the silver airplane,
with its spinning propellers
(once known as "air screws")
piercing the blue;
that perfect congruence,
that calm and ordered progress.
Surely the unseen engineer of the Lincoln Zephyr
and the hidden TWA pilot
are smiling too,
with crinkly eyes
and big white teeth."

LINCOLN ZEPHYR

"Recuerdo una escena, un anuncio,
en una revista de 1940:
un gran Buick brillante
llevando una familia sonriente con dientes demasiado blancos –
mamá, papá conduciendo, el niño y la niña en la parte trasera –
por una carretera bordeada de vegetación
al lado de un tren aerodinámico –
de hecho, el Lincoln Zephyr –
corriendo en paralelo a las vías del tren
debajo del avión plateado,
con sus hélices giratorias
(entonces conocidas como "tornillos de aire")
perforando el azul,
esa perfecta congruencia,
esa calma y progreso ordenado.
Seguramente el ingeniero invisible del Lincoln Zephyr
y el piloto oculto del TWA
están sonriendo también,
con los ojos entornados
y sus grandes dientes blancos".

LOSERS

I

"In those long-past smokey autumn days,
we boys would race to the woods, to the tallest trees,
to see who could climb the highest fastest.
Beneath the big squirrel nests high above us,
with acorns dropping on our shoulders,
as the squirrels themselves darted ever higher,
with our legs clasped tight around the tree trunks,
(as not much later the tightened thighs of long haired girls
would tighten around our adolescent bodies)
over the rough bark we clambered ever upward,
less agile than the squirrels,
but laughing, jeering,
as the crows screamed with reprimands.

Or in winter we would gather at the frozen pond,
the steep glacial depression in the woods,
rimmed like a soup bowl and ringed with crackling fires
where girls and boys in brightest sweaters
would skate and sport on the ragged ice,
avoiding the driftwood that protruded from the surface,
like the clawing hands of drowned hoboes.

PERDEDORES

I

"En aquellos lejanos días humeantes de otoño,
los chicos corríamos al bosque, hacia los árboles más altos,
para ver quién podía subir más arriba y más rápido.
Debajo de los grandes nidos de ardilla por encima de nosotros,
con bellotas cayendo sobre nuestros hombros
a medida que las ardillas subían todavía más arriba,
con nuestras piernas bien apretadas alrededor de la corteza
                                  áspera de los troncos
(como no mucho después los muslos de chicas de cabellos
largos se apretarían sobre nuestros cuerpos adolescentes)
trepábamos siempre más alto,
menos ágiles que las ardillas,
pero riéndonos y burlándonos
de los cuervos que graznaban molestos.

O en el invierno nos reuniríamos en el estanque congelado,
la abrupta depresión glacial en el bosque,
redonda como un tazón de sopa y rodeada de hogueras crepitantes
donde chicos y chicas con los más coloridos suéteres
patinarían y competirían sobre el hielo disparejo,
evitando las ramas que sobresalían de su superficie,
como torcidas manos de vagabundos ahogados.

Robert Kramer

II

Yet sometimes we think of the losers in our class
(such complacence in that word)
from our early years of school,
who seemed to vanish from our world
soon after graduation's caps and gowns,
long forgotten, now suddenly returning,
faces from the most distant corridors of the mind:
the girl with a bent and massive nose,
the boy who slobbered when he spoke,
the pallid girl who smelled,
who found one day upon her desk at school
an insinuating bar of strong brown soap,
and the boy who simply could not grasp or learn —
from days at school, where we, the privileged,
would sit quite unperturbed,
quite unaware of their still hidden inner anguish;
and then much later in our lives,
we would hear or read of one or the other —
like the dentist's daughter with the bulging eyes,
who, alone in her West Side apartment,
slashed her slender wrists,
or the slow-witted, silent boy
lost in the war. Those losers. Those lost."

II

Sin embargo, a veces pensamos en los perdedores de nuestro grupo,
(cuánta complacencia en esa palabra)
los de nuestros primeros años de escuela,
que parecieron desvanecerse de nuestro mundo
poco después de las togas y birretes de la graduación;
olvidados hace mucho, regresan ahora súbitamente,
rostros de los pasillos más lejanos de la mente:
la muchacha de la nariz curva y enorme,
el chico que babeaba al hablar,
la niña pálida que apestaba
y que encontró un día en la escuela, sobre su escritorio,
una insinuante y tosca barra café de jabón,
y el niño que simplemente no podía entender o aprender —
desde los días del colegio, donde nosotros, los privilegiados,
nos sentábamos totalmente imperturbables,
absolutamente ajenos a sus todavía secretas angustias,
hasta que mucho después en nuestras vidas
escuchábamos o leíamos de uno u de otro —
como la hija de ojos saltones del dentista,
quien, a solas en su departamento del West Side,
se cortó sus delgadas muñecas;
o el chico torpe y silencioso
perdido en la guerra. Aquellos perdedores. Esos perdidos".

Robert Kramer

AS A BOY, ON SLEEPLESS SUMMER NIGHTS

"As a boy, on sleepless summer nights
with all the windows opened in the old house,
lying on my bed beneath the eaves
I would feel each hour passing
in the tolling of the neighbors' old grandfather clock,
so familiar, yet to me mysterious,
the only sound in all the darkness,
except at times the broken wail
of a distant freight from the woods to the north,
and I would think of the first time my uncle Ted
was not at Christmas dinner
and my aunt was all alone,
but there was some silly younger man there:
and they said my uncle was in San Francisco,
and I could not understand then – why.
But when I was very small,
late at night, in bed, alone in my room,
how comforting the sound of the family Ford
entering the driveway,
the motor, for a second, roaring louder,
then subsiding, till the car doors opened
to the muffled laughing voices of my parents
returning from the theater.

DE NIÑO, EN LAS INSOMNES NOCHES VERANIEGAS

"De niño, en las insomnes noches veraniegas
con todas las ventanas abiertas en la antigua casa,
acostado en mi cama debajo de los aleros
sentiría pasar cada hora
con las campanadas del viejo reloj del abuelo de los vecinos,
muy familiares, aunque misteriosas para mí,
el único sonido en toda la oscuridad,
excepto a veces el quebrado lamento
de un lejano camión de carga en los bosques del norte,
y pensaría en la primera vez que mi tío Ted
no asistió a la cena de navidad
y mi tía estuvo completamente sola,
aunque había ahí un hombre más joven y tonto:
y dijeron que mi tío estaba en San Francisco,
y no pude entender entonces – por qué.
Pero cuando era muy pequeño,
a media noche, en la cama, solitario en mi cuarto,
qué reconfortante el sonido de la familia Ford
entrando al callejón,
el motor, por un segundo, rugiendo más fuerte,
luego apagándose, hasta que las puertas del auto se abrían
a las voces y risas sofocadas de mis padres
que regresaban del teatro.

Robert Kramer

Intact the family circle,
the world secure, sleep safe.

On weekend nights I'd look out my window
and watch my parents' guests depart
and listen to their shouts and laughter,
the crunch of gravel beneath the spinning wheels
of Hudsons, Packards, Studebakers,
as they waved and raced away
beneath the yellow moon.
And everybody seemed so happy."

Intacto el círculo familiar,
el mundo a salvo, duermo seguro.

En las noches de fin de semana miraba por mi ventana
y veía salir a los invitados de mis padres
y escuchaba sus gritos y sus risas,
el crujido de la grava debajo de las llantas
de los Hudsons, los Packards, los Studebakers,
mientras ellos se despedían y se alejaban
bajo la luna amarilla.
Y todos parecían tan felices".

SUITE III

VARIATIONS ON A ROCOCO THEME

VARIACIONES SOBRE UN TEMA ROCOCÓ

Robert Kramer

YOUNG HAYDN

I
In the Vienna woods:

The Empress Maria Theresa's moonlight sleigh ride
through the newly fallen snow, in gilded sledges
shaped like griffons, swans or unicorns,
the horses wearing tinkling silver bells,
her ladies dressed in fur-trimmed velvet
covered with diamonds that glisten in the torchlight,
and in the sleigh behind them, he and the musicians,
their puffed-out cheeks, their hunting horns and silver trumpets.

EL JOVEN HAYDN

I
En los bosques de Viena:

El paseo de la emperatriz María Teresa a la luz de la luna
entre la nieve recién caída, en trineos dorados
con formas de grifos, cisnes o unicornios,
los caballos con campanas de plata tintineando,
sus damas vestidas de terciopelo con aplicaciones de piel
cubiertas de diamantes iluminados por las antorchas,
y en el trineo detrás de ellas, él y los músicos,
sus mejillas hinchadas, sus cuernos de caza y trompetas de plata.

Robert Kramer

II
In Vienna the following evening:

The horses' iron hoofs strike sparks from the cobblestones,
the torches perched behind the solemn coachman
open up the night in jagged streaks,
the embers fly behind and die,
and as the carriage passes he tries to see within
he runs beside the rocking carriage,
the curtain at the carriage window trembles,
a hand at the curtain, a flash of emerald ring,
a pale face peers out, too late,
it's past, a trail of sparks and echoing hoofbeats,
fainter, fainter, fading down the boulevard,
until the silence of the night returns
beneath the silver sickle of the moon.

Alone now, he must feel the sweat on brow and body.
His freshly powdered wig has tumbled to the gutter,
amidst the horses' droppings.
"Art and Nature," he murmurs.

II
En Viena, la noche siguiente:

Los cascos metálicos de los caballos sacan chispas en las baldosas,
las antorchas colgadas detrás del solemne cochero
abren la noche en zigzag,
las brasas vuelan hacia atrás y mueren,
y cuando el carruaje pasa él intenta mirar adentro,
corre junto a la carroza que se balancea,
se agita la cortina en la ventana del coche,
una mano en la cortina, el destello de un anillo de esmeraldas,
una cara pálida que se asoma, demasiado tarde,
se ha ido, un rastro de chispas y el eco de los cascos,
más débil, más débil, se desvanece por el bulevar,
hasta que regresa el silencio de la noche
debajo de la hoz de plata de la luna.

Ahora solo, debe sentir el sudor en la frente y en el cuerpo.
Su peluca recién blanqueada ha caído en la cuneta,
entre el excremento de los caballos.
"Arte y naturaleza", murmura él.

Robert Kramer

FOUR IN A ROCOCO FOREST

In the park of the grand chateau,
suspended from a spreading oak,
the girl on the swing,
now in her upward arc,
her multiple silken petticoats revealed,
as she smiles and flings one tiny pointed shoe
aloft, above her pale bewigged admirer,
as he, in his ardor, gazes upward at her passing,
while she pointedly ignores the abbé
in black beneath, behind her.
He, on each return, will hurl her skyward
once again, his ravaged, pock-marked face
inscrutable.

But on a limestone bench in the shadows,
the blind old cardinal in red
clutches in his polished fingers
the ancient Roman statue just extracted
from the buried ruins of Pompeii
and tenderly caresses the marble limbs,
the marble loins.

For there are no wolves in this forest,
but there are purple-throated peacocks,
and the ruins of the hermit's chapel
are artificial.

CUATRO EN UN BOSQUE ROCOCÓ

En el parque del gran castillo,
suspendida de un frondoso roble,
la niña en el columpio,
en arco ascendente,
sus múltiples enaguas de seda reveladas,
sonríe y lanza un pequeño zapato puntiagudo
que vuela por encima de su pálido admirador con peluca,
mientras él, con pasión, la mira columpiarse hacia arriba,
en tanto que ella ignora a propósito
al *abbé* vestido de negro situado abajo, por detrás de ella.
Él, en cada vuelta, la empujará hacia el cielo
una vez más, con su devastado rostro inescrutable, marcado
por la viruela.

Pero sobre una banca de piedra caliza entre las sombras,
el viejo cardenal ciego que viste de rojo
agarra entre sus finos dedos
la antigua estatua romana recién extraída
de las ruinas enterradas de Pompeya
y acaricia tiernamente las extremidades de mármol,
la carne del mármol.

Porque no hay lobos en este bosque,
sino pavos reales de cuello púrpura,
y las ruinas de la capilla del ermitaño
son artificiales.

THE JESTER

To the north of this great estate lies the baroque garden labyrinth, now passé, of course, neglected and abandoned, near overgrown by encroaching forest.

But what of all those alien birds that flutter still in the massive boxwood hedges, in those coiled and twisted blue-green walls of the maze? And what of those other tiny feathered bodies there, impaled on the black gigantic thorns?

While at the palace itself, along the hall of mirrors, in his motley garb, his scarlet cap and bells, in his pointed yellow shoes, a jester pirouettes and stares at the whirling walls of glass, at his multiplied, his infinite vertiginous reflections.

EL BUFÓN

Al norte de esta gran finca se halla el laberinto del jardín barroco, hoy pasado de moda, y por supuesto, descuidado y abandonado, casi cubierto por la invasión del bosque.

¿Pero qué pasó con todas esas aves extrañas que aún revolotean en los enormes setos de boj, en esos muros verdeazulados del laberinto, enmarañados y retorcidos? ¿Y qué hay de esos otros diminutos cuerpos emplumados ahí, empalados en las gigantescas espinas negras?

Mientras que en el palacio mismo, a lo largo del pasillo de los espejos, con su vestimenta colorida, su gorra escarlata y cascabeles en sus puntiagudos zapatos amarillos, un bufón salta y contempla en las paredes de espejos deformados, sus multiplicados y vertiginosos reflejos infinitos.

Robert Kramer

NOCTURNAL FIREWORKS

After sun has set and dark is full,
before the palace steps,
now lit by flaming torches
from ebony gondolas
afloat upon the elliptical lagoon,
the fireworks explode:
the jets of sulphurous green and pale violet
the thud and crack, the cries of "ah"
beneath the streams of golden sparks,
the rapid rising and the dying fall,
as the Duke struts in silken finery,
awaits the flattery from his simpering courtiers.
But in a distant room of the palace
the Duchess, said to be quite indisposed,
although beneath her massive cylindrical curls
a delicate coating of white powder dusts her face
to cover the occasional pocks or pustules,
a face now like a mask and ghostlike,
she floating in her dreamy languor, fragrant
lotus petals of forgetfulness,
until those sudden startling unsought memories.
This woman, nude, about to pass the mirror
provokes a storm of verbs:

FUEGOS DE ARTIFICIO NOCTURNOS

Después de que el sol se ha puesto y la oscuridad es total,
ante las escaleras del palacio,
ahora iluminado por las antorchas encendidas
de las góndolas de ébano
que flotan sobre la laguna elíptica,
explotan los fuegos artificiales:
los trazos de azufre verde y violeta pálido,
el sonido sordo y el trueno, las exclamaciones de "ah"
debajo de las caudas de chispas doradas,
el rápido ascenso y la agonizante caída,
mientras el Duque se pavonea en galas de seda,
y espera la adulación de sus fingidos cortesanos.
Pero en una habitación lejana del palacio,
la duquesa, que se dijo muy indispuesta,
aunque bajo sus enormes rizos cilíndricos
una delicada capa de talco maquilla su cara
para cubrir las ocasionales picaduras o pústulas,
una rostro ahora como una máscara y fantasmal,
flota en su languidez soñadora, en fragantes
pétalos de loto del olvido,
hasta aquellos repentinos recuerdos inesperados.
Esta mujer, desnuda, a punto de pararse ante el espejo,
desata una tormenta de verbos:

Robert Kramer

she turns and peeks, then peers,
she poses, postures, preens, pretends,
she doubts, conceals, averts her eyes,
then faces full the glass before her,
stares long and hard.
In the background – cries, explosions.

In the Margins / Al margen

ella voltea y atisba, luego mira;
ella posa, se para, se acicala, finge;
ella duda, oculta, desvía sus ojos,
luego enfrenta de lleno al espejo,
contempla largamente y con severidad.
En el fondo – júbilo, explosiones.

Robert Kramer

IN THE LAST YEARS OF THE SUN KING

I

Like muffled voices and faces behind curtains –
their daily rituals,
their courtships filled with rites and gestures,
codified, prescribed:
certain movements of the fan,
a turn or tilt of the head,
words delivered with a particular inflection, –
all with their special meanings,
at times displayed with a flourish,
or hidden at times
beneath the cloak of seeming spontaneity.

II

Or one will confide in you
with tilted head, and arching eyebrow,
and a meaningful look,
and though you recognize
the insinuating body comments
on her just now spoken words,
their urgency,
at times you do not comprehend;
and the scattered words will float
disjointed, free in space
about her archly smiling face.

EN LOS ÚLTIMOS AÑOS DEL REY SOL

I

Como voces apagadas y rostros detrás de las cortinas –
sus rituales diarios,
sus galanteos llenos de ritos y gestos,
codificados, prescritos:
ciertos movimientos del abanico,
un giro o inclinación de la cabeza,
las palabras expresadas con una inflexión particular, –
todas con sus significados especiales,
a veces desplegadas con una floritura,
o a veces ocultas
bajo un manto de aparente espontaneidad.

II

O una confiará en ti
con una inclinación de la cabeza, la ceja arqueada,
y una mirada significativa,
y aunque reconoces
los insinuantes comentarios de su cuerpo
como palabras expresadas ahora mismo,
con urgencia,
a veces no comprendes;
y las palabras dispersas flotarán
desarticuladas, libres por el espacio
sobre su rostro que sonríe traviesamente.

III

A painter of alcoves and boudoirs
might well capture
with an air of exquisite nonchalance
and vaporousness
the tilt of her head,
the glint of white highlight
on the moistened lower lip,
the flutter of the hand.

IV

But he would not catch
the pauses and solicitous hesitations
in conversations most polite,
the veiled allusions and evasions
of those connoisseurs of subtle gestures
and the fleeting glimpse,
who communicate
in whispered confidences,
sentences – unfinished,
and exclamations,
and at times –
as an insect would examine an unfamiliar object
with the tips of its quivering antennae,
in a place where every word is studied
and every emotion feigned
with desperate duplicity
amidst a murk of rumor and suspicion.

III

Un pintor de alcobas y tocadores
bien podría capturar
con un aire de exquisita indiferencia
y ligereza
la inclinación de su cabeza,
el fulgor del blanco intenso
en el labio inferior humedecido,
el aleteo de la mano.

IV

Pero él no podría capturar
las pausas y vacilaciones solícitas
en las conversaciones más educadas,
las alusiones y evasivas veladas
de esos conocedores de los gestos sutiles
y la mirada fugaz,
quienes se comunican
mediante confidencias susurradas,
frases – incompletas,
y exclamaciones,
y en ocasiones –
así como un insecto examinaría un objeto desconocido
con las puntas de sus temblorosas antenas,
en un sitio donde cada palabra es estudiada
y cada emoción es fingida
con duplicidad desesperada
en medio de un mar de rumores y sospechas.

V

And yet after a certain infelicitous expression,
intended to capture a fleeting moment of delight –
she sits in the halflight
on the far side of the room
with face averted.

V

Y sin embargo, luego de cierta expresión desafortunada,
que buscaba conquistar un momento fugaz de deleite –
ella se sienta en la penumbra
en el fondo de la habitación
con el rostro esquivo.

Robert Kramer

FÊTE GALANTE

> *Perhaps it was finally the twitch of an upper lip*
> *or the ambiguous fingering of a cuff*
> *that actually toppled the order of things in France.*
> **– Kleist**

In powdered wig and silken breeches
that artist of the rococo
drowns all of nature in capricious elegance:
at times its ease, tranquility sustained,
with satin swellings on verdant vernal lawns,
at times its restlessness intensified
in mirror frames of whiplash curves and shapes of shells.
But in his fine frivolity,
he himself leans languid at a garden gate,
as if absorbed in the delicate
(and yet autumnal) inner dance
of certain rococo verses,
where desire that has renounced
the reality of its object
splits the speaking subject
into one gay fictive voice
and one quite melancholical persona.

For in those light dappled rococo paintings,
everyone recumbent, there beneath the trees,
displays upon her face
a slight, not-yet-ironic smile,

FÊTE GALANTE

> *Tal vez fue finalmente la contracción de un labio superior*
> *o la ambigua digitación de un puño*
> *lo que realmente derribó el orden de las cosas en Francia.*
> **– Kleist**

En peluca empolvada y pantalones de seda
aquel artista del rococó
ahoga toda la naturaleza con caprichosa elegancia:
a veces su sencillez, tranquilidad sostenida,
con carpas de satín en bucólicos prados verdes,
a veces su inquietud es intensificada
en marcos de espejos con curvas sinuosas y conchas.
Pero en su fina frivolidad,
él mismo se apoya lánguido en la verja de un jardín,
como absorto en la delicada
(y sin embargo otoñal) danza interior
de ciertos versos rococó,
donde el deseo que ha renunciado
a la realidad de su objeto
divide al sujeto que habla
entre una meliflua voz ficticia
y otra persona bastante melancólica.

Porque en aquellas pinturas rococó ligeramente moteadas,
todos están recostados, ahí bajo los árboles
ella muestra en su cara
una leve sonrisa, todavía sin ironía,

Robert Kramer

perhaps in faintest recognition
that all this carefree beauty – posed and transient –
is but a fair illusion,
even as the one in pale blue silk,
one doubtful of the final outcome,
looks back across her shoulder,
past the limestone Venus,
at something in the shadows.

quizá en el vago reconocimiento
que toda esta belleza despreocupada – posada y transitoria –
no es más que una bella ilusión,
incluso cuando ésta en seda azul pálido,
de dudoso resultado final,
mira hacia atrás por encima del hombro de ella,
más allá de la Venus de piedra caliza,
hacia algo en las sombras.

SUITE IV

HABSBURG

HABSBURGO

Robert Kramer

LET US RETURN TO VIENNA

As a spiral dreams of its central axis
and a book yearns for its ending,
you follow footprints in the snow
that lead across an arching bridge
to midstream,
where they end.

Let us return to Vienna
capital shorn of its realm,
bereft of its power, meaningless beauty
from a world superseded,
passed by, left behind, and forgotten,
though still the false facades,
the hidden trapdoors,
the artfully concealed abysses.

And yet in the parlor of my Viennese grandmother,
against the green and heavy draperies
bathed in soft and golden light,
the potted palms and ferns,
the peacock feathers, gleaming seashells,
Japanese fans and dried alpine flowers,
bulrushes in the Japanese vase,

REGRESEMOS A VIENA

Como una espiral sueña con su eje central
y un libro aguarda ser terminado,
tú sigues las huellas en la nieve
que te conducen a través de un puente arqueado
hacia la mitad del río,
en donde terminan.

Volvamos a Viena
capital despojada de su reino,
desprovista de su poder, belleza sin sentido
de un mundo superado,
fenecido, dejado atrás, y olvidado,
aunque todavía con las falsas fachadas,
las trampas disimuladas en el piso,
los abismos artísticamente disimulados.

Y aún, en el salón de mi abuela vienesa,
contra las cortinas verdes y pesadas
bañadas en luz suave y dorada,
las palmas en macetas y los helechos,
las plumas de pavo real, lustrosas conchas marinas,
abanicos japoneses y flores alpinas secas,
juncos en el jarrón japonés,

Robert Kramer

anxious conversations
that trail off
into a cough and a pause
and the single stuffed owl.

In the Margins / Al margen

conversaciones ansiosas
que se desvanecen
en un tosido y una pausa
y el sencillo búho disecado.

Robert Kramer

VIENNA 1914

The gas lamps down the long street before us,
their twin and parallel rows receding,
destined to meet at the unseen horizon,
and in the dead silence of the night,
and then perhaps the rush and clatter
of a hansom cab on the stones
and the fire starting up
under the horse's hoofs.

Within the marble palaces
where straining Atlases
support the entrance arches,
still caprice and frenzy,
fruits and jewels and wine
and violins for the dance.

Beneath the slanting sun
of this aged civilization
marbled with the green
of its decomposition,
its complicated refinements,
multiple colorations,
and infinite complexity –
these masters of the dilatory phrase,
where all statements
begin with "perhaps."

In the Margins / Al margen

VIENA 1914

Las lámparas de gas en la extensa calle ante nosotros,
sus líneas gemelas y paralelas alejándose,
destinadas a encontrarse en el horizonte invisible,
y en el silencio muerto de la noche,
y luego quizá la prisa y el ruido
de una berlina sobre las piedras
y el fuego prendiéndose
bajo los cascos de los caballos.

Dentro de los palacios de mármol
donde tensos Atlas
sostienen los arcos de las entradas,
todavía hay capricho y frenesí,
frutas y joyas y vino
y violines para la danza.

Debajo del sol inclinado
de esta civilización envejecida
veteada con el verde
de su descomposición,
sus complicados refinamientos,
coloraciones múltiples,
e infinita complejidad –
estos maestros de la frase dilatoria,
donde todos los enunciados
comienzan con un "quizás."

Robert Kramer

From eyes redrimmed
or heavy lidded,
knowing looks
and insinuating glances;
from chafed or moistened lips,
observations snide and caustic;
in rooms without windows,
the trauma and tantrum
of impotent lives.

As Romako slyly observes
two Austro-Hungarian ladies
on the verge of hysteria:
a background of purple lace
and two bronze peacocks
watch over the empty throne,
when even the odor of ether
cannot completely mask
the stench of putrefying flesh.

De los ojos enrojecidos
o de párpados entrecerrados,
las miradas perspicaces
y las insinuantes luces;
de los labios irritados o humedecidos,
observaciones sarcásticas y cáusticas;
en habitaciones sin ventanas,
el trauma y la rabieta
de vidas impotentes.

Como Romako observa malicioso
a dos damas austrohúngaras
al borde de la histeria:
un fondo de encaje morado
y dos pavos reales de bronce
vigilan encima del trono vacío,
cuando incluso el olor del éter
no puede enmascarar por completo
el hedor de la carne putrefacta.

Robert Kramer

ZÖTL, PAINTER OF ANIMALS

As you walked the winter woods,
amid the squawk of crows
in the trees above,
a spotted gray-brown hawk
swooped suddenly down beside you,
a pigeon in its claws,
alighted, paused beside the path,
atop its bluish silver prey,
eyes fixed, unmoving,
waited for you to go your way,
waited minutes as you too waited;
immobile too,
you watched its very cold and lidless eyes.

And then at last
the hawk's head,
long utterly motionless,
snaps suddenly sidelong,
the unsoftened eye
seizes you, Zötl –
and on that day
the seventh of April, 1837,
had spring already arrived?
Had the trees and wildflowers already begun to blossom?
Did the weather now permit long walks in the forests?

In the Margins / Al margen

ZÖTL, PINTOR DE ANIMALES

Mientras caminabas por el bosque de invierno,
en medio del graznido de los cuervos
en lo alto de los árboles,
un halcón gris-pardo moteado
se abalanzó de pronto junto a ti,
con una paloma entre sus garras,
se posó, detenido junto al camino,
sobre su presa de plata azulada,
los ojos fijos, sin movimiento,
esperó a que siguieras tu camino,
esperó los minutos que tú también esperaste;
igual de inmóvil,
observaste sus ojos tan fríos y sin párpados.

Y luego por fin
la cabeza del halcón,
tan quieta por tanto tiempo,
muerde súbitamente de costado,
la mirada despiadada
te cautiva, Zötl –
y aquel día
el siete de abril de 1837,
¿Había llegado ya la primavera?
¿Habían comenzado a retoñar ya los árboles y las flores silvestres?
¿El clima permitía ahora largas caminatas en los bosques?

Robert Kramer

Or were the mountains still all white with snow,
the passes deep, impassable,
the forest wet with snow
still sliding from the branches and the pines?
What kind of light fell through the window panes
into the small wood-paneled room where Zötl painted?

Origen, of course,
compared the animals
to evil thoughts
and fleshly desires,
while the gnostics saw in them
the incarnation of the lower powers of the cosmos
that whine or howl or grunt.
But Zötl paints exotic beasts
and is silent.

In the Margins / Al margen

¿O estaban las montañas todavía blancas por la nieve,
los pasos profundos, infranqueables,
el bosque húmedo con la nieve
todavía resbalando desde las ramas y los pinos?
¿Qué clase de luz atravesó los cristales de las ventanas
en el pequeño cuarto con paredes de madera donde Zötl pintaba?

Orígenes, por supuesto,
comparó a los animales
con los malos pensamientos
y los deseos carnales,
mientras que los gnósticos veían en ellos
la encarnación de las potencias inferiores del cosmos
que gemían o aullaban o gruñían.
Pero Zötl pinta bestias exóticas
y es silencioso.

Robert Kramer

THE GREEN CHAMBER

In an old building in Vienna,
in a Biedermeier chamber,
on one green papered wall,
a violin is hung beside a mirror;
on the opposite wall,
directly across the room hangs a crucifix.
If you turn your back to the crucifix,
then – stationed properly –
in the selfsame instant,
you can see the violin, the mirror,
the reflection of the crucifix,
and your own image.

LA CÁMARA VERDE

En un antiguo edificio en Viena,
en una cámara del Biedermeier,
sobre una pared empapelada de verde,
un violín cuelga al lado de un espejo;
en la pared opuesta,
directamente al otro lado de la habitación cuelga un crucifijo.
Si le das la espalda al crucifijo,
entonces – colocado apropiadamente –
en el mismísimo instante,
puedes ver el violín, el espejo,
el reflejo del crucifijo,
y tu propia imagen.

Robert Kramer

CARL SCHUCH
(Vienna 1846-1903)

Here all surfaces
are lightly pressed
to geometric planes –
the falling folds
of a white table cloth
where white is never white;
in their dry straw containers
green chianti bottles,
their flashing highlights;
a wedge of camembert cheese,
its powdery white coating
(tinted brown)
and its moist yellow inner flesh
seen through a glass cheese bell
with a window's brilliant light
(a tilted curving oblong)
reflected on its rim;
but behind the glistening apples
and the shining copper kettles
a horizon always
of darkness and nothing.

CARL SCHUCH
(Viena 1846-1903)

Aquí todas las superficies
están ligeramente reducidas
a planos geométricos –
los pliegues que caen
de un mantel blanco
donde el blanco nunca es blanco;
en sus cajas con paja seca
botellas verdes de chianti,
de luminosos reflejos;
una porción de queso camembert,
con su recubrimiento de polvo blanco
(teñido de marrón)
y su húmeda carne interior amarilla
vistos a través de una campana de vidrio
con la luz brillante de una ventana
(una curva inclinada oblonga)
reflejada sobre su orilla;
pero detrás de las manzanas relucientes
y las bruñidas teteras de cobre
siempre un horizonte
de oscuridad y de nada.

MAHLER AND THE MOUSE

A quiet dusk in Vienna. Behind the cathedral, between high crumbling gray walls, I walk narrow Blood Alley. I see a man in a green jacket approaching with a sprightly small black dog, off the leash. The man stops, smiles, bends down, and opens a white paper bag. A gray mouse jumps out, looks around with twitching whiskers and darting black-diamond eyes, and starts, with tiny rapid strides to run. I pass the smiling man, the pouncing dog, the fleeing mouse. I do not look back, but continue down Blood Alley, then turn right toward the cathedral square, winds begin to blow, become stronger; as I turn the corner in front of the cathedral, I encounter a violent windstorm, swirling dust and paper and buffeting passers-by. High above, suspended from the cathedral spire, a huge black banner, the pennant of mourning for the bishop who has just died, whips and cracks in the wind like a thing alive, like the almost-freed soul of a dead man. As I cross the cathedral square, my feet feel the earth here hollow, sense the vast labyrinth of catacombs beneath, from centuries past the heaped bones, the skulls, the leather mummies of women once loved. And I think of a gray mouse fleeing in the wind, in the dusk.

MAHLER Y EL RATÓN

Un atardecer tranquilo en Viena. Detrás de la catedral, entre las altas paredes grises y decrépitas, camino por el angosto Callejón de la Sangre. Veo a un hombre con un saco verde acercándose con un pequeño perro negro vivaz, sin correa. El hombre se detiene, sonríe, se inclina y abre una bolsa de papel blanco. Un ratón gris salta, mira a su alrededor con bigotes retorcidos e inquietos ojos de diamante negro, y empieza a correr con pequeños y rápidos saltos. Dejo atrás al hombre sonriente, al perro que salta, al ratón que huye. No miro hacia atrás, pero sigo por el Callejón de la Sangre, luego giro a la derecha hacia la plaza de la catedral, los vientos comienzan a soplar, se hacen más fuertes; al doblar la esquina frente a la catedral, me encuentro con una violenta ráfaga de viento, que arremolina polvo y papeles y que zarandea a los transeúntes. En lo alto, suspendido de la aguja de la catedral, un enorme pendón negro, el banderín de luto por el obispo que acaba de morir, se azota y truena con el viento como un objeto vivo, como el alma ya casi libre de un hombre muerto. A medida que cruzo la plaza de la catedral, mis pies sienten que la tierra aquí está hueca, sienten el vasto laberinto de catacumbas por debajo, los huesos apilados desde hace siglos, los cráneos, las momias de cuero de mujeres alguna vez amadas. Y pienso en un ratón gris huyendo en el viento, en la oscuridad.

SUITE V

POETS AND WRITERS

POETAS Y ESCRITORES

Robert Kramer

LOHENSTEIN AND THE TEXT

Consider now this single line of ancient text,
surrounded by a thousand years of commentary,
concentric commentaries on commentaries,
explanations of interpretations and eccentric visions,
as each gloss recedes from the sought center,
moves ever further to the periphery,
as each bearded rabbi wrestles
with the ghost of one preceding him.

One curtain rises to reveal
another curtain,
one stage set vanishes to reveal
another,
as from a green hillside,
you, a cavalier with telescope,
observe two centaurs battling
at the center of a labyrinth.

LOHENSTEIN Y EL TEXTO

Considera ahora esta única línea de texto antiguo,
rodeada por mil años de comentarios,
comentarios concéntricos sobre los comentarios,
explicaciones de interpretaciones y visiones excéntricas,
a medida que cada glosa se aleja del buscado centro,
se mueve cada vez más hacia la periferia,
así como cada rabino barbado lucha
con el fantasma de aquel que le precede.

Una cortina se levanta para revelar
otra cortina,
una escenografía desaparece para revelar
otra,
mientras que desde una ladera verde,
tú, un caballero con telescopio,
observas a dos centauros combatiendo
en el centro de un laberinto.

Robert Kramer

HÖLDERLIN I

Inhabitant of the silent places
left by the discourse of normal men,
haunted by mirrors, windows, walls,
the bed, the door, the clock,
amid the consciousness
of consciousness's incapacity,
ever to locate its own origin,
at the very interior of the language
by which you are surrounded,
you seek to press beyond madness
to that formless, mute,
unsignifying region
where language can find its freedom,
to compose your own figure
in the interstices
of fragmented language;
you face the insidious void
in the very interior of the word;
against the silence of mere existence,
things existing in their irreducible distance,
forever irreducible
to those alienations
that can be cured.

HÖLDERLIN I

Habitante de los lugares silenciosos
fuera del discurso de los hombres normales,
obsesionado por espejos, ventanas, paredes,
la cama, la puerta, el reloj,
en medio de la conciencia
de la incapacidad de la conciencia,
aún para localizar su propio origen,
en el interior mismo del lenguaje
del que estás rodeado,
buscas presionar más allá de la locura
a esa informe, muda,
región sin significados
donde el lenguaje pueda encontrar su libertad,
para componer tu propia figura
en los intersticios
del lenguaje fragmentado;
te enfrentas al vacío insidioso
en el interior mismo de la palabra;
contra el silencio de la mera existencia,
cosas que existen en su distancia irreductible,
siempre irreductible
a esas alienaciones
que pueden ser curadas.

Robert Kramer

You strive to leave
a verbal something
in the place of Nothing
and at times you forge
that rarest work of art,
a lightning flash
that opens up a void
in a moment of silence,
a question without an answer
which provokes a breach
without a reconciliation,
where the world is forced
to question itself,
the return to consciousness
of the nameless silence.
The silence, the silence, the silence,
beyond irony.

Te esfuerzas por dejar
un algo verbal
en el lugar de Nada
y a veces forjas
esa obra de arte excepcional,
la luz de un relámpago
que abre un vacío
en un momento de silencio,
una pregunta sin respuesta
que provoca una brecha
sin reconciliación,
donde el mundo es forzado
a cuestionarse a sí mismo,
el regreso a la conciencia
del silencio sin nombre.
El silencio, el silencio, el silencio,
más allá de la ironía.

KLEIST I
for C.W.

Amid so many smiling mouths
and the gravest malady beneath,
the delicate aroma of their disillusion;
unable to penetrate
to the inner life of words,
wasted by longing,
I move in the reflection of their splendor,
feel the mounting chill,
compulsion now to seek
the ultimate hiding place
from the omnipresent, unknown enemy –
a carved stone eagle
above a gateway
amid the universal silence.

That we must never speak
of what is most important,
that we must be mute
like beasts,
sleepwalkers with no fear
of falling down a precipice:
though imprecise and enigmatic
something yet of decisive importance
still remains to be said.

KLEIST I
para C.W.

En medio de tantas bocas sonrientes
y la enfermedad más grave debajo,
el delicado aroma de su desilusión;
incapaz de penetrar
en la vida interior de las palabras,
consumido por la añoranza,
me muevo en el reflejo de su esplendor,
siento el escalofrío recorrerme,
la compulsión de buscar ahora
el escondite definitivo
del omnipresente, desconocido enemigo –
un águila de piedra tallada
arriba de un pórtico
en medio del silencio universal.

Que nunca debemos hablar
de lo que es más importante,
que debemos estar mudos
como las bestias,
sonámbulos sin miedo
de caer a un precipicio:
aunque impreciso y enigmático,
algo de decisiva importancia sin embargo
queda todavía por decir.

Robert Kramer

Though you perceive the thought
behind each play of features,
the meaning behind each word
(the quality of silence),
doleful lucidity
when all lies exposed
in its nakedness and poverty,
and loathing enters.
Then walk past
the blooming red geraniums
dazzling white curtains
puffed out by the breeze
from dark rooms,
their images of Slavic saints,
their insoluble enigmas,
and the flat pale faces
framed by closefit caps
that now and then
will peer out,
questions in their eyes.

As you,
curious about the moment
when the ground gives way
beneath your feet.

Aunque percibes la idea
detrás de cada juego de características,
el significado detrás de cada palabra
(la calidad del silencio),
la triste lucidez
cuando todo es expuesto
en su desnudez y pobreza,
dando paso al asco.
Luego, al caminar más allá
de los geranios rojos en flor
las deslumbrantes cortinas blancas
esponjadas por la brisa
de los cuartos oscuros,
sus imágenes de santos eslavos,
sus enigmas insolubles,
y las caras pálidas planas
enmarcadas por gorros ajustados
que de vez en cuando
echarán un vistazo,
preguntas en sus ojos.

Como tú,
curioso del momento
en que el suelo cede
bajo tus pies.

Robert Kramer

KLEIST II

You write the logbook of a journey
through unknown seas
where the suck of the maelstrom
becomes perceptible
and sea monsters
rise up from the depths.

For the crier proclaims himself in the cry,
as the almost deafened ear
strives to catch the alien tones
and grasp their meaning,
seeking the ultimate myth
in the innards of pianos,
the bladders of sheep,
yearning for yearning
and doubt of doubt.

You, a comma
in this endless line of text,
over your shoulder
viewing the viewer
on the stairs to the temple of nothingness,

till truth arrives
as a gunshot
in the early morning mist.

KLEIST II

Escribes la bitácora de un viaje
por mares desconocidos
donde la succión de la vorágine
se hace perceptible
y monstruos marinos
emergen de las profundidades.

Porque el pregonero se proclama en el grito,
como la oreja casi ensordecida
se esfuerza en captar los tonos extraños
y captar su significado,
buscando el mito definitivo
en las entrañas de los pianos,
las vejigas de las ovejas,
el anhelo de anhelos
y la duda de dudas.

Tú, una coma
en esta interminable línea de texto,
viendo al espectador
por encima de tu hombro
sobre las escaleras del templo de la nada,

hasta que llega la verdad
como un disparo
en la bruma de la madrugada.

Robert Kramer

MORITZ

You are but the last memory
of your past,
as you observe yourself,
and observe yourself
observing yourself,
till life becomes the dream theater
where dream more real than waking
and memory more real
than living moment –
as when you stood on that bridge
above the gray waters
and gazed at the city
where you lived,
like the memory of a dream,
a clockface
big as a wagon wheel,
yet high on the gothic tower,
barely legible its hands
from the cobblestones below –
tower, bells, and clockface,
O to feel that distant clockface
with your fingers...

MORITZ

Eres solo el último recuerdo
de tu pasado,
mientras te observas a ti mismo,
y te observas a ti mismo
observándote a ti mismo,
hasta que la vida se convierte en el teatro de los sueños.
donde el sueño es más real que el despertar
y la memoria más real
que el momento vivo –
como cuando te paraste en aquel puente
sobre las aguas grises
y miraste la ciudad
donde viviste,
como el recuerdo de un sueño,
la carátula de un reloj
grande como una rueda de carreta,
aunque en lo alto de la torre gótica,
sus manecillas apenas legibles
desde abajo, en los adoquines –
torre, campanas, y carátula,
Oh, sentir esa distante carátula del reloj
con tus dedos...

Robert Kramer

For when you write
you are alien from your self,
a self transformed to object,
and a machine
that remembers
and formulates.

In the left lens of your spectacles
reflected and enlarged
always an eye
that observes you.

Para cuando escribes
eres ajeno a tu yo,
un yo transformado en objeto,
y una máquina
que recuerda
y formula.

En el lente izquierdo de tus gafas
reflejado y agrandado
hay siempre un ojo
que te observa.

Robert Kramer

HOFMANNSTHAL AND THE DRAGON

Over my piano I have hung a large, mid-nineteenth century painting of Jesus before Pilate, as Pilate asks: "What is truth?"

Beneath this painting, atop the piano on the left squats a weathered stone gargoyle from Notre Dame cathedral. He clasps his hands to his ears, as if to drown out the din of the city, an expression of grief, almost of horror, on his ape-like face. His wings are folded behind him, and his two conical horns rise up vertical from the center of his skull. His tongue lolls out, like that of a Spanish Habsburg king, too big for its mouth.

She is on the right. With perfect teeth, the yellowed skull of a woman; grinning or impassive?

Gargoyle and skull both stare at what stands in the center between them, a lapsed clock whose spring has sprung these seven years.

I am sitting opposite them in my chair, studying a fifteenth-century copper engraving of a woman and a dragon. I take in hand my magnifying glass to examine more closely the woman's face. I move it slowly up and down, adjust it to achieve the greatest clarity of detail. I peer. Then suddenly blue flame spurts from the page and a puff of smoke. For my glass has focussed the rays of the sun that slant across my shoulder upon the ancient yellowed paper and turned the maiden and her dragon into ash, before the brooding gargoyle, the grinning skull, and the stopped clock.

HOFMANNSTHAL Y EL DRAGÓN

Sobre mi piano colgué un gran cuadro de Jesús ante Pilato de mitad del siglo XIX, donde Pilato pregunta: "¿Qué es la verdad?"

Debajo de este cuadro, sobre el piano, a la izquierda, acuclillada, una desgastada gárgola de piedra de la catedral de Notre Dame. Se lleva las manos a los oídos, como para ahogar el ruido de la ciudad, una expresión de pena, casi de horror, en su cara simiesca. Sus alas dobladas por detrás, y sus cuernos cónicos elevados en vertical desde el centro del cráneo. Su lengua sobresale, como la de un rey español de los Habsburgo, demasiado grande para su boca.

Ella está a la derecha. Con dientes perfectos, el cráneo amarillento de una mujer; ¿sonriente o impasible?

La gárgola y el cráneo miran fijamente a lo que hay en medio de ellos, un reloj detenido cuya cuerda dio de sí en estos siete años.

Estoy sentado frente a ellos en mi silla, estudiando un grabado en cobre del siglo XV de una mujer y un dragón. Tomo mi lupa para examinar más de cerca el rostro de la mujer. La muevo despacio arriba y abajo, la ajusto para tener mayor claridad en el detalle. Observo. De pronto surgen de la página una llama azul y una bocanada de humo. Mi cristal ha enfocado los rayos del sol que pasaban encima de mi hombro sobre el antiguo papel amarillento y convirtieron a la doncella y a su dragón en cenizas, ante la gárgola meditativa, la calavera sonriente y el reloj detenido.

Robert Kramer

HESSE AT THE LAMP

"... and I wonder
that all the towns and villages
through which I've wandered
continue to exist
this autumn twilight,
far away from me,
there without me ...

that even now
a bent Romanian peasant,
barefoot in his baggy pants,
picks from the garden
fat green cucumbers
for the evening meal ...

that Turkish workers even now,
in black berets, moustaches blacker still,
will troop across the homeward bridge
that spans the Golden Horn,
the slender minarets still silhouetted
against the western sky ...

that rain is falling now
on the Ku-Damm in Berlin,
the streets wet and glistening,

HESSE BAJO LA LÁMPARA

"... y me pregunto
si todos los pueblos y aldeas
por los cuales he vagado
continúan existiendo
en este crepúsculo de otoño,
tan lejos de mí,
allí, sin mí...

que incluso ahora
un campesino rumano inclinado,
descalzo en sus pantalones holgados,
recoja en el jardín
gruesos pepinos verdes
para la cena...

que los trabajadores turcos incluso ahora,
con boinas negras, bigotes aún más negros,
se amontonen de vuelta a casa a lo largo del puente
que se tiende sobre el Cuerno de Oro,
los delgados minaretes todavía recortándose
contra el cielo occidental...

que la lluvia esté cayendo ahora
sobre el Ku-Damm en Berlín,
las calles mojadas y relucientes,

Robert Kramer

as pedestrians must dart
for yellow double-decker busses,
closing their umbrellas
as they swing aboard,
the dripping water forming puddles at their feet...

that in this autumn twilight now
a Bavarian farmer
climbs the hill
from the sloping shore of the lake,
to hear only the lap of the waves
and the wind in the pines,
as in the little villages
that rim the lake
scattered lights twinkle on
amid the growing darkness ...

Even as I write
beneath my solitary lamp,
so many twilights
enclosed in this gray brain."

en tanto los peatones se lanzan
hacia los autobuses amarillos de dos pisos,
cerrando sus paraguas
mientras se balancean a bordo,
el agua que gotea forma charcos a sus pies...

que en este crepúsculo de otoño ahora
un granjero bávaro
sube la colina
desde la orilla inclinada del lago,
solo para escuchar el sonido de las olas
y el viento en los pinos,
mientras en las pequeñas aldeas
que bordean el lago
las luces dispersas parpadean en
medio de la creciente oscuridad...

Incluso mientras escribo
debajo de mi lámpara solitaria,
tantos crepúsculos
encerrados en este cerebro gris".

SUITE VI

ARTISTS AND ART

LOS ARTISTAS Y EL ARTE

Robert Kramer

GIORGIONE'S BET

Vasari tells us of a painting by Giorgione:
a male nude seen only from the rear;
but on the wooden table there before him
a copper water basin
reflects his face and front;
and to the side a concave breast plate
of highly polished bluish silver armor
reveals his hawknosed profile from the left;
and in the oval mirror on the wall
one could glimpse his profile from the right.
And thus Giorgione matched
the sculptor's
multiplicity of views.

But Giorgione's painting has long been lost,
Vasari now is long since dead;
and yet his words remain to offer us
such multiple reflections,
black words on paper
that can conjure up a presence, physical,
yet still forbid the joy of senses sensing,
to leave a mind that ponders,
seeks to recreate – within – Giorgione's wonder,
a mind that feels the pain
of losing something beautiful and strange,

LA APUESTA DE GIORGIONE

Vasari nos habla de una pintura de Giorgione:
un desnudo masculino visto solo por detrás;
aunque sobre la mesa de madera ante él
una vasija de cobre con agua
refleja su cara y la parte frontal;
y a su costado la pechera cóncava
de una armadura de plata azulada muy pulida
revela su perfil halconado desde la izquierda;
y en el espejo ovalado de la pared
uno podía vislumbrar su perfil desde la derecha.
Y así Giorgione alcanzó
la multiplicidad de vistas
de un escultor.

Aunque la pintura de Giorgione se perdió desde hace mucho,
y Vasari hace mucho que murió;
aún así sus palabras permanecen para ofrecernos
esos reflejos múltiples,
palabras negras sobre un papel
que pueden evocar una presencia, física,
aunque impidan la alegría de los sentidos sintiendo,
para dejar una mente que reflexiona,
que busca recrear – adentro – la maravilla de Giorgione,
una mente que siente el dolor
de perder algo bello y extraño,

Robert Kramer

like a half-forgotten dream,
forever irretrievable,
like your memory of a rare purple fruit
tasted once
on a very distant island
to which you will never return.

como un sueño medio olvidado,
para siempre irrecuperable,
como el recuerdo de una extraña fruta púrpura
que probaste una vez
en una isla muy lejana
a la que nunca volverás.

Robert Kramer

THREE POEMS ON PAINTINGS PAINTED THE YEAR SHAKESPEARE DIED

I

On a detail from a still life
by Georg Flegel

Observe the fly
in sweetness caught:
glistens green and gold
the fine articulation
of his tripart body,
six subtly jointed limbs.
His wingtips flutter faster
than our eyes can catch.
Desperate
but monotone
his moan.

II

"The alchemist's laboratory"
by an unknown Dutch artist

Dim light on jars and earthen jugs,
crocks and tubs and copper kettles,
in soot black furnace glowing coals.
Against a still more distant window,
within a doorway framed – his wife.

TRES POEMAS SOBRE CUADROS
PINTADOS EL AÑO QUE SHAKESPEARE MURIÓ

I

Sobre un detalle de una naturaleza muerta
por Georg Flegel

Observa la mosca
en la dulzura atrapada:
reluce en verde y oro
la delicada articulación
de su cuerpo tripartito,
seis extremidades sutilmente unidas.
Las puntas de sus alas revolotean más rápido
de lo que nuestra vista alcanza a percibir.
Desesperado
aunque monótono
su gemir.

II

"El laboratorio del alquimista"
por un artista holandés desconocido

Una luz tenue sobre frascos y jarras de barro,
cacharros y tinas y cazuelas de cobre,
dentro del horno negro de hollín, carbones encendidos.
Contra una ventana aún más lejana,
dentro del marco de una puerta – su esposa.

From dim uncertainty
another form emerges, gray,
the figure of the alchemist
seated in his chair, his hand
before his face, right index finger
slightly raised and pointing toward—
you, the viewer; ambiguous,
an invitation—or a warning?

III

On a still life
by an unknown Flemish artist

nature morte... from hook depends
the bloody mouth and open eye
of the striped bass. Lobster feebly
rattles one orange claw against
the gleaming goblet. From the darkness
glisten moist and purple grapes.
Nervous fly treads the yellow gourd;
but snail is still, amid this world
of ordered light beyond our life.

De la tenue incertidumbre
emerge otra forma, gris,
la figura del alquimista
sentado en su silla, su mano
delante de su cara, el dedo índice derecho
levemente levantado y apuntando hacia—
ti, el espectador; ambiguo,
es una invitación—¿o advertencia?

III

Sobre una naturaleza muerta
por un artista flamenco desconocido

nature morte... de un gancho cuelgan
la boca ensangrentada y el ojo abierto
de un robalo rayado. Una langosta golpea
débilmente una pinza naranja contra
la copa resplandeciente. En la oscuridad
brillan uvas húmedas y moradas.
Una mosca nerviosa se pasea en la calabaza amarilla;
pero el caracol está inmóvil, en medio de este mundo
de luz ordenada más allá de nuestra vida.

Robert Kramer

ON A PAINTING
BY PIETER VAN LAER—1636

We are in Rome.
Go down this shadowed alley,
past the side entrance to that crumbling church,
and enter the courtyard –
here, two pilgrims with their staffs beside them
kneel in prayer before a sandstone crucifix.
Behind them, two brothers of the disciplinati –
wearing white gowns, white conical caps,
white hoods with slits for eyes –
scourge themselves,
till blood flows
from the flesh of their opened backs;
and the three children at the center of the courtyard –
earnest boy, smaller girl, and infant –
stare at the flagellants, fascinated
by the quick crack of the scourge,
the gash, the gasp;
as down the other alley a wooden table,
filled with blue silver fishes,
stands unheeded
by the three squatting beggars:
for a woman in pink silks
drops a coin to one in rags,
who coughs and thanks.

You are there, for you are one of them.
Which one are you?

SOBRE UN CUADRO
DE PIETER VAN LAER—1636

Estamos en Roma.
Bajemos por este callejón sombrío,
pasemos junto a la puerta lateral de esa iglesia ruinosa,
y entremos al patio –
aquí, dos peregrinos con sus bastones junto a ellos
se arrodillan a orar ante un crucifijo de arenisca.
Detrás de ellos, dos hermanos de los *disciplinati* –
vistiendo togas blancas, gorros cónicos blancos,
capuchas blancas con mirillas para los ojos –
se azotan a sí mismos,
hasta que la sangre brota
de la carne de sus espaldas abiertas;
y los tres niños en el centro del patio –
un niño serio, una niña más pequeña y un bebé –
contemplan a los penitentes, fascinados
por el rápido chasquido del látigo,
los cortes, los gemidos;
mientras en el otro callejón una mesa de madera,
llena de pescados azul plateados,
permanece desatendida
por tres mendigos acuclillados:
porque una mujer en sedas rosadas
avienta una moneda a un harapiento,
quien tose y le agradece.

Tú estás ahí, porque eres uno de ellos.
¿Cuál eres tú?

Robert Kramer

MAGNASCO'S VISION

The dream returns—disturbs:
as when you enter an unknown city
in a far country
and find a square, a street, a house –
in the long shadows
of the late afternoon sun –
strangely familiar;
inexplicable phenomenon,
like the feeling in the wind
when you lean, just before the dusk,
from the eastern rim
of the Pisan tower,
or hurry past silent Roman statues
in the moonlight and splashing fountains.

And thus you see it once again:
upon the steps of the villa,
before the formal gardens,
and all at once, though faintly,
the paving stones begin to split and chip,
great cracks run down the massive flower vases,
and the garden wall appears to crumble –
as somnambulistic cavaliers,
violet *monsignori*,
and heavy-lidded ladies
of deep décolleté
stroll still smiling through
a sultry summer twilight,
as rats swarm from the cellars.

LA VISIÓN DE MAGNASCO

Vuelve el sueño—perturba:
como entrar a una ciudad desconocida
en un país lejano
y encontrar una plaza, una calle, una casa –
en las largas sombras
del sol crepuscular –
extrañamente familiares;
fenómeno inexplicable,
como la sensación en el viento
cuando te apoyas, justo antes del anochecer,
en el borde oriental
de la torre de Pisa,
o pasas apresurado las silenciosas estatuas romanas
entre la luz de la luna y el manar de las fuentes.

Y entonces lo ves una vez más:
encima de los escalones de la villa,
antes de los jardines formales,
de pronto, aunque débilmente,
los adoquines comienzan a partirse y astillarse,
grandes grietas recorren los macetones,
y la pared del jardín parece desmoronarse –
como caballeros sonámbulos,
monsignori violeta,
y damas de párpados amoratados
de escote profundo
pasean aún sonrientes a través
de un sofocante crepúsculo de verano,
mientras las ratas salen de los sótanos.

Robert Kramer

LAMENT OF THE SCULPTOR MATTHIAS BRAUN AMONG THE STATUARY IN THE BAROQUE GARDENS OF COUNT SPORCK IN KUKUS, BOHEMIA

"A forking graveled path will lead you
to a corner of the garden, remote and shadowed,
to the gigantic weathered limestone body
of Onophrius the hermit, nude, a saint,
overgrown, and crouching in the underbrush,
as from the hollows of his eyes — this, my creature —
intermittent fountain waters jet,
those ancient gushing tears of rue, regret.

But my regret is now of different sort:
My lady. Her doubtful candor.
In her conversation, seeming
modesty and deference,
or righteous indignation; those moments of peculiar revelation
and yet reticent,
those crucial omissions,
the careful avoidance of any disclosure
that might discredit,
amidst statements of misleading, though literal, truth;
and always innuendo, equivocal smiles,
and those exaggerated gestures;
a certain falsity, indeed,

LAMENTO DEL ESCULTOR MATTHIAS BRAUN ENTRE LAS ESTATUAS DE LOS JARDINES BARROCOS DEL CONDE SPORCK EN KUKUS, BOHEMIA

"Una bifurcación del sendero de grava te conducirá
a un rincón del jardín, remoto y sombreado,
al gigantesco cuerpo de piedra caliza desgastada
de Onophrius el ermitaño, desnudo, un santo,
descuidado, y acurrucado entre la maleza,
mientras de los huecos de sus ojos — de ésta, mi criatura —
manan intermitentes chorros de agua,
aquellas efusivas lágrimas de arrepentimiento, de pesar.

Pero mi pesar es ahora de otra clase:
mi señora. Su dudosa ingenuidad.
En su conversación, aparentando
modestia y deferencia,
o justa indignación; esos momentos de revelaciones peculiares
y hasta reticentes,
esas omisiones cruciales,
evitando cuidadosamente cualquier revelación
que pudiera desacreditar,
entre afirmaciones de una engañosa, aunque literal verdad;
y siempre las insinuaciones, las sonrisas equívocas,
y aquellos gestos exagerados;
una forma de falsedad, en efecto,

Robert Kramer

in her curiously overheated lovemaking,
such blithe and purring mendacity.
But behind her invisible mask
on her red deceptive lips, alas, unseen
there must be pustules swelling —
green and telling."

en su extrañamente sobrexcitada forma de hacer el amor
con tal contento y gatuna hipocresía.
Solo que detrás de la máscara invisible
sobre sus labios rojos mentirosos, ¡ay!, debe
haber ocultas pústulas hinchadas —
verdes y delatoras".

Robert Kramer

FROM WATTEAU TO HIS LADY IN CANDLELIGHT

"I note your flux,
my sweet chameleon,
the alterations –
frequent, sudden,
as when smoke – before a paler background –
seems yellow, even reddish,
while smoke before a darker ground
turns blue.
And now I comprehend your love of candles,
for colors change in candlelight,
where blue appears as green
and yellow turns to white.

Thus, when first we met,
that initial glimpse and glance –
as when at the solemn concert hall,
the pianist has closed his eyes,
then quickly reopens them
and turns toward us, his avid audience,
and tilts his head so slightly,
and then the first soft chord is struck –
quite tentative, ambiguous;
but now at times,
when I gaze upon your face
it is like a face
seen only at a distant window
from a distant window."

DE WATTEAU PARA SU DAMA
A LA LUZ DE LAS VELAS

"Noto tus cambios,
mi dulce camaleón,
las alteraciones –
frecuentes, repentinas,
como cuando el humo – contra un fondo más pálido –
parece amarillo, incluso rojizo,
mientras que el humo sobre un fondo más oscuro
se vuelve azul.
Y ahora comprendo tu amor por las velas,
porque los colores cambian a la luz de las velas,
cuando el azul parece verde
y el amarillo se torna blanco.

Así, cuando nos conocimos,
ese primer vistazo y mirada –
como cuando en la solemne sala de conciertos,
el pianista ha cerrado sus ojos,
que luego reabre rápidamente
para volverse hacia nosotros, su ávido público,
e inclina su cabeza tan delicadamente,
y es ejecutado el primer acorde suave –
bastante tentativo, ambiguo;
aunque ahora, a veces,
cuando contemplo tu rostro
es como un rostro
visto solamente en una ventana lejana
desde una ventana lejana".

SUITE VII

AFTER THE CHINESE

DESPUÉS DE LOS CHINOS

Robert Kramer

SPRINGTIME SLEEP
after Meng Hao-Jan (689-740)

Hardly had the morning in colored splendor blossomed,
already birds were singing, gaily, freshly wakened;
but raging storm and wind-flung rain had whipped the flowers —
I know that in the night so many blossoms fell.

SUEÑO PRIMAVERAL
después de Meng Hao-Jan (689-740)

Apenas había brotado la mañana en esplendor colorido,
ya cantaban los pájaros, alegremente, recién despiertos;
pero la furiosa tormenta y la ventosa lluvia azotaron las flores —
yo sé que en la noche cayeron muchos capullos.

Robert Kramer

NIGHT ON THE BEACH
ON LONG BOAT JOURNEY
after Meng Hao-Jan (689-740)

Through fog and haze I guide my boat to shore.
The sun sinks down. Distress is here again.
The field so far: the heavens crush the trees,
the water is pure: the moon so near to men.

NOCHE EN LA PLAYA
EN UNA LARGA TRAVESÍA EN BARCO
después de Meng Hao-Jan (689-740)

A través de la niebla y la bruma guío mi barco hacia la orilla.
El sol se hunde. La angustia está aquí de nuevo.
El campo tan distante: los cielos aplastan los árboles,
el agua es pura: la luna tan cerca de los hombres.

Robert Kramer

THE RED ROSE
after Li Tai Po (701-762)

By the window, grieving, I sat silent, bent
above a silken pillow I embroidered.
I pricked my finger; red blood trickled down
upon the white, white rose that I embroidered,
and thus that white rose turned into a red rose.

How I thought of you then, far away
at war! I thought how also you are forced
to shed your blood, and burning teardrops gushed
from my sorely grieving eyes, and long I wept.
Ho! Now I hear the hoofbeats of a horse!
I spring from my chair! It's him! But then I felt,
alas, it was only my heart that beat so fiercely.

Again, I sat and grieved, continued to embroider,
embroidered tears into the silken pillow,
tears that gleamed and shimmered, like wondrous pearls
to form a ring about that red, red rose.

LA ROSA ROJA
después de Li Tai Po (701-762)

Junto a la ventana, afligida, me senté en silencio, me recliné
encima de una almohada de seda que yo bordé.
Pinché mi dedo; la sangre roja goteó
sobre la blanca, blanca rosa que bordé,
y así esa rosa blanca se convirtió en una rosa roja.

Cómo pensé en ti luego, ¡tan lejos
en la guerra! Pensé cómo también eres forzado
a derramar tu sangre, y lágrimas ardientes brotaron
de mis dolientes ojos afligidos, y lloré por mucho tiempo.
¡Oh! ¡Ahora escucho los cascos de un caballo!
¡Salto de mi silla! ¡Es él! Pero después sentí,
¡ay!, que era solo mi corazón que late fieramente.

De nuevo, me senté y me afligí, seguí bordando,
bordé lágrimas en la almohada de seda,
lágrimas que brillaban y resplandecían, como perlas maravillosas
formando un anillo alrededor de esa roja, roja rosa.

Robert Kramer

ON LAKE DUNG-TING
after Meng Hao-Jan (689-740)

Summer goes. Risen surface of the lake
waters the air and dims pure space around me.
Already vapors rise from Yun-meng's marshes,
and waves rock Yo-yang's castle in a dream.

For trip across I lack both boat or oar.
The empire blooms. But I go empty, shamed.
I sit and watch the man extend his pole,
am torn with childish envy of his fish.

EN EL LAGO DUNG-TING
después de Meng Hao-Jan (689-740)

El verano avanza. La ascendente superficie del lago
humedece el aire y enturbia el espacio puro a mi alrededor.
Ya los vapores se elevan de las marismas de Yun-meng,
y las olas mecen el castillo de Yo-yang en un sueño.

Para viajar hasta allá me faltan tanto el bote como el remo.
El imperio florece. Pero yo estoy arruinado, avergonzado.
Me siento y observo al hombre extender su pértiga,
siento una infantil envidia por su faena.

Robert Kramer

ON THE FRONTIER
after Lu Lun (8th Century)

The moon was black. Wild geese flew high above us.
But the chieftain of the Huns turned tail and fled.
We chased them far upon our slender ponies.
The snow lay thick upon our swords and bows.

EN LA FRONTERA
después de Lu Lun (Siglo VIII)

Era luna negra. Gansos salvajes volaban alto sobre nosotros.
Pero el cacique de los hunos reculó y huyó.
Los perseguimos hasta muy lejos en nuestros esbeltos ponis.
La nieve se espesaba sobre nuestras espadas y arcos.

Robert Kramer

TO A FRIEND
after We-Ying-Wu (740-830)

Tramping through the autumn night I think of you.
I'm freezing. And I recite a poem in a whisper.
Deep in the mountains pine cones tumble from the trees.
Are you sleeping now? I know: you too sleep not.

A UN AMIGO
después de We-Ying-Wu (740-830)

Deambulando por la noche otoñal pienso en ti.
Me estoy congelando. Y recito un poema en un susurro.
En lo profundo de las montañas caen los conos de los pinos.
¿Estás durmiendo ahora? Lo sé: tú tampoco duermes.

Robert Kramer

Robert Kramer, born in New York City, is a widely published playwright, poet, critic and translator of European literature.

Serving in the United States Army, he was trained by the 82nd Airborne, Paratroopers, but became an officer in the Chemical Corps, where he specialized in chemical weaponry and radiation defense.

After studying at various universities in the United States and Europe, he became a college professor in the area of European Cultural History. In the early years of the civil rights movement, he accepted a teaching position at Xavier University in New Orleans. There, in addition to teaching, he played piano in the bars and cafes of the French Quarter, and it was also in New Orleans that his wife gave birth to his daughter Karen.

After his stay in New Orleans, he returned to New York to teach at Manhattan College in Riverdale. At first he taught German Literature, World Literature, and Classical Origins. Later, he focused primarily on Art History.

He has since presented many papers and published numerous articles and several books on the history of literature and art. For several years he served as Director of International Studies at Manhattan.

He has received six awards from the National Endowment for the Humanities, and has been a Fulbright Scholar for a year of research in Munich, Germany, and a Swiss Government Scholar for a year in Bern, Switzerland.

He has been a guest professor at various colleges, such as the University of Connecticut, Syracuse University, and Haverford College, and has lectured at such institutions as the Smithsonian, the Whitney Museum of American Art, and the Art Therapist Association.

He has given readings of his poetry and translations on radio and television on both coasts, and at various universities, such as New York University, The University of California, and Harvard University.

He is a former Coordinator of the New York Poets Cooperative, and current Vice-President of the New York Browning Society and continues to publish poetry and criticism. He is active in the New York literary scene and gives frequent public readings. He has been nominated for a Pushcart Prize both in the fields of poetry and criticism, and he is a winner of the 2016 *Absoloose* national poetry contest.

Robert Kramer

Robert Kramer, nacido en la ciudad de Nueva York, es un dramaturgo, poeta, crítico y traductor de literatura europea ampliamente publicado.

Sirviendo en el ejército de los Estados Unidos, se entrenó en la 82a División de Paracaidistas, pero se convirtió en oficial del Cuerpo Químico, donde se especializó en armamento químico y defensa contra la radiación.

Luego de estudiar en varias universidades de Estados Unidos y Europa, se convirtió en profesor en el área de Historia Cultural Europea. En los primeros años del movimiento de derechos civiles, aceptó un puesto de profesor en la Universidad Xavier de Nueva Orleans. Allí, además de enseñar, tocaba el piano en los bares y cafeterías del Barrio Francés, y fue también en Nueva Orleans donde su esposa dio a luz a su hija Karen.

Después de su estadía en Nueva Orleans, regresó a Nueva York para enseñar en el Manhattan College de Riverdale. Al principio enseñó literatura alemana, literatura mundial y orígenes clásicos. Más tarde, se centró principalmente en historia del arte.

Desde entonces, ha presentado muchos ensayos y publicado numerosos artículos y libros sobre la historia de la literatura y el arte. Durante varios años se desempeñó como Director de Estudios Internacionales en Manhattan.

Ha recibido seis premios del National Endowment for the Humanities, y ha sido becario Fulbright por un año de investigación en Munich, Alemania, así como becario del gobierno suizo por un año en Berna, Suiza.

Ha sido profesor invitado en varias universidades, como la Universidad de Connecticut, la Universidad de Syracuse y el Colegio Haverford, y ha dado conferencias en instituciones como el Smithsonian, el Museo Whitney de Arte Americano y la Asociación de Terapeutas del Arte.

Ha dado lecturas de su poesía y traducciones en radio y televisión en ambas costas y en varias universidades, como la Universidad de Nueva York, la Universidad de California y la Universidad de Harvard.

Es ex Coordinador de la Cooperativa de Poetas de Nueva York y actual Vicepresidente de la Sociedad Browning de Nueva York y continúa publicando poesía y crítica. Está activo en la escena literaria de Nueva York y da lecturas públicas frecuentes. Ha sido nominado para un premio Pushcart en los campos de la poesía y la crítica, y fue ganador del concurso nacional de poesía Absoloose 2016.

Darklight Publishing

"BRIDGES" BILINGUAL POETRY SERIES /
COLECCIÓN BILINGÜE DE POESÍA "BRIDGES"

1. *In the Fire of Time / En el fuego del tiempo*
   María Ángeles Juárez Téllez

2. *Songs of Mute Eagles / Canto de águilas mudas*
   Arthur Gatti

3. *Axolotl Constellation / Constelación Axólotl*
   Alejandro Reyes Juárez

4. *Trace / Traza*
   Iliana Rodríguez

5. *Am I my Brother's Keeper? / ¿Soy el guardián de mi hermano?*
   Bernard Block

6. *Postmodern Valladolid / Valladolid posmoderna*
   Raúl Casamadrid

7. *The Body's Politics / La política del cuerpo*
   Jessica Nooney

8. *Amidst Water and Mud / Entre el agua y el lodo*
   Héctor García Moreno

9. *Ritual of Burning Flesh / Ritual de la carne en llamas*
   Maribel Arreola Rivas

10. *In Memory of the Kingdom / En memoria del reino*
    Baudelio Camarillo

11. *On a Timeless Path / Por un sendero sin tiempo*
    Rosario Herrera Guido

12. *The Fresco Technique / La técnica del fresco*
    Carlos Santibáñez Andonegui

13. *Wherever the Wind Blows I Will Go / Iré a donde el viento sople*
    Peter Blaxill

14. *The Platinum Moon / La luna de platino*
    Evie Ivy

www.ingramcontent.com/pod-product-compliance
Lightning Source LLC
LaVergne TN
LVHW040116080426
835507LV00039B/387